Friedrich
Nietzsche
弗里德里希·尼采

安婧工作室 譯

U0092101

Die Geburt der Tragödie aus dem
Geiste der Musik

悲劇的
誕生

上圖：《酒神與阿里阿德涅》，由提香於1523年所繪，現藏於倫敦國家藝廊。

右圖：《阿波羅與達芙妮》，由提也波洛於1743年所繪，現藏於巴黎羅浮宮。

上圖：蘇格拉底之死。

下圖：《巴克斯的勝利》，由
Diego Velázquez所繪。

華格納的畫像，由Friedrich
Pecht於1865年慕尼黑所繪。

叔本華的肖像。其音樂理論深
受華格納贊同。

歌德畫像（右邊站立者）。歌德與貝多芬於1812年7月有了歷史性的第
一次會晤。

目 錄
Contents

自序　　一種自我批評的嘗試

　　無論這本可疑的書是以什麼作為基礎，它必然包含一個非常重要、極富吸引力，而且還是一個十分個人化的問題，那就是關於這本書的寫作年代的證據——即便是在1870—1871年普法戰爭期間那個動盪不安的階段——但它還是成書了。當韋爾特會戰（Wörth，德國西南小城，1870年法國軍隊與普魯士軍隊在此會戰，結果法國戰敗）的炮聲響徹歐洲時，我在阿爾卑斯山的一隅寫下了這本書的關鍵思想——也就是這本奇特而艱深的書的核心。

　　基本上這不是為了我自己，而是為了理查·華格納——那時候沒有人對華格納的希臘化和南方化特別注意。這篇遲來的序言（或者說是後記）就是為這本書而寫的。

　　幾個星期之後，我在梅斯城（Metz，法國東北部城市），心中總擺脫不了對所謂的希臘人和希臘藝術的質疑，直到在那最緊張的最後一個月裡，當人們正在凡爾賽宮進行和談時，我也跟自己達成了和解，慢慢地從一種由戰場上帶回來的心理疾病中恢復，終於把《悲劇從音樂中誕生》一書定稿了（這是本書的原始書名）。但悲劇真的是誕生自音樂嗎？還是音樂即悲劇？是希臘人與悲劇音樂？還是探討希臘人與悲觀藝術之間的

問題？迄今為止人類最完美、最美好、最令人羨慕、最具生命魅力的這些希臘人，難道是他們必須要有悲劇嗎？或者說，悲劇必須是藝術嗎？希臘藝術，究竟何為？……

因為這樣的揣測，於是我們把生命價值的大問號打在哪裡了。難道悲觀主義必然是沒落、沉淪、失敗的標記？是疲憊和虛弱的本能的標記嗎？就如同在印度人那裡，按照種種跡象來看，也如同在我們這裡，在「現代」人和歐洲人這裡一樣？

究竟有沒有一種強者的悲觀主義？是一種基於愜意舒適、基於充盈的健康、基於因其富足而產生的對於艱難、恐怖、兇惡、疑難的智性上的偏愛嗎？或許是一種因過度富足而引發的痛苦？一種極犀利的目光的試探性的勇氣，它渴求可怕之物有如渴求敵人，渴求那種相稱的敵人，以便能夠以此來考驗自己的力量？它要以此來瞭解什麼是「恐懼」嗎？那麼，恰恰是在最美好、最強大、最勇敢時代的希臘人那裡，悲劇神話意味著什麼呢？

此外，戴歐尼修斯（Dionysus，酒神）的偉大現象意味著什麼？從中誕生的悲劇又意味著什麼？還有，導致悲劇死亡的是

道德的蘇格拉底主義、辯證法、理論家的自滿和快樂嗎？——怎麼？難道不就是這種蘇格拉底主義，成了衰退、疲憊、疾病和錯亂消解的本能標誌嗎？

其次，後期希臘那種「希臘式的明朗」只不過是一種迴光返照嗎？反對悲觀主義的伊比鳩魯（Epicurus）意志，只不過是一種苦難者的謹慎嗎？

而我們的科學本身——是的，被視為生命之徵兆的全部科學，究竟又意味著什麼呢？一切科學為何？更糟糕的是，所有的科學究竟從何而來？或許科學性只不過是一種對於悲觀主義的恐懼和逃避？一種敏銳的對真理的正當防衛？用道德的說法，是某種怯懦和虛偽的東西？而用非道德的說法則是一種狡詐？啊！蘇格拉底，蘇格拉底啊！莫非這就是你的奧秘？啊！神秘的諷刺家啊！莫非這就是你的反諷？

****

當時我著手探索的是某種可怕而危險的東西，是一個帶著犄角的難題（當然未必那就是一頭公牛），但無論如何都是一

道全新的難題。今天我會說，它就是科學問題本身——科學第一次被理解成有問題、可質疑的課題。可是，這本當年釋放了我年輕的勇氣和疑惑的書——從一項如此違逆青春的使命當中誕生——必定會是一本多麼不可能的書啊！

它是根據純粹超前、極不成熟的自我體驗而建構起來的，這些自身的體驗全都艱難地碰觸到了可傳達性的門檻，被置於藝術的基礎上——因為科學問題是不可能在科學基礎上被認識的——也許這是一本為兼具分析與反省能力的藝術家而寫的書（即便是一個例外的藝術家種類，人們也必須尋找、但甚至於不願尋找的一個藝術家種類……），充滿心理學的創新和藝術家的祕密，背景裡有一種藝術家的形而上學，是一部充滿青春勇氣和青春憂傷的青春作品，即便在表面上看起來可能屈服於某種權威和個人敬仰，但仍然是獨立的、倔強的、自主的。

簡而言之，這是一部處女作（哪怕是取這個詞的所有貶義），儘管它的問題是老舊的，儘管它沾染了青年人的全部毛病——過於冗長、帶著狂飆冒進的色彩。

另一方面，從它所取得的成果來看（特別是在偉大藝術

家理查‧華格納那裡——這本書本來就是獻給他的，好比一場
與他的對話），它是一本已經得到證明的書，我指的是，它是
一本至少使「當代最優秀的人物」滿意的書。有鑑於此，它本
來是該得到某種顧惜和默許的；儘管如此，我仍不願意完全隱
瞞，現在它讓我覺得心中多麼不舒服，十六年後的今天，它是
多麼陌生地擺在我的面前——現在我有了一雙益發老練、挑剔
百倍，但絕對沒有變得更冷酷的眼睛，對於這本大膽之書首次
敢於接近的那個使命本身，這雙眼睛依然沒有變得更加陌生，
這個使命就是：

　　用藝術家的透鏡去觀看科學，

　　而用生命的透鏡去觀看藝術……。

****

　　再說一遍，就今天的我而言，這是一本不可能的書——我
的意思是說，它寫得並不好，笨拙、難堪、比喻過度，而且形
象混亂、感情衝動、有時甜膩得像個女人家、頻率不均勻、毫
無清晰的邏輯性、過於自信因而疏於證明、甚至懷疑證明的適
當性。

　　作為一本寫給知情人的書，作為給那些受過音樂洗禮、自始就根據共同而稀罕的藝術經驗而聯繫在一起的人們演奏的「音樂」；作為那些在藝術（artibus）上血緣相近者的識別標誌，這是一本高傲且狂熱的書。它從一開始就堅決地拒絕「有教養者」的俗眾（profanum vulgus），更甚於拒絕「一般平民大眾」，但正如它的效果已經被證明並且還將被證明的那樣，它也必定十分善於尋找自己的狂熱同盟，把他們引誘到新的隱秘小徑和舞台上來。

　　無論如何，在此說話的——人們帶著好奇，同樣也帶著反感承認了這一點——乃是一種全新的聲音，是一位依然「未知的神」的信徒，他暫時躲藏在學者的帽簷下，躲藏在德國人的嚴酷和辯證的厭倦乏味之中，甚至於躲藏在華格納信徒糟糕的舉止態度當中；這裡有一種具有陌生而依然莫名需要的精神，一種充滿著那些更像加了一個問號那樣被冠以戴歐尼修斯之名的問題、經驗、隱秘之物的記憶。在這裡說話的——人們狐疑地如是對自己說——是一個神秘的、近乎女祭司般狂亂的心靈，它勞累而任性，幾乎不能決定它是要傳達自己，還是要隱瞞自己，彷彿是用他人的口舌結結巴巴地在說話。

　　它本當用歌唱來表示這「全新的心靈」，而不是用說的！
多麼遺憾啊，我不敢作為詩人說出當時必須說的話，也許我本
來是做得到的！或者至少是作為語言學家來詮釋，但即便在今
天，對於語言學家來說，這個領域裡幾乎一切都有待發現和挖
掘！尤其是下面這個難題：一個難題這個實情——還有，只要
我們還沒有獲得「什麼是戴歐尼修斯的？」這個問題的答案，
希臘人就一如既往地是完全未知和無法設想的……。

****

　　是啊，什麼是戴歐尼修斯的呢？本書對此作了解答，其中
講話的是一位「有識之士」，他是自己上帝的知情者和信徒。
也許現在談論希臘悲劇的起源這樣一個艱難的心理學問題，我
會更加謹慎一些，更加斟字酌句。另一個基本問題則是希臘人
與痛苦之間的關係，希臘人的敏感程度——這種關係是一成不
變的呢？還是發生了轉變？——也因為這個問題，希臘人對美
的渴求變得越來越強烈，對節慶、快樂、新的崇拜的渴求，真
的是起因於缺失、困乏、傷感和痛苦嗎？

　　如果這是真的，那麼，就時間而言，更早顯露出來的

渴求又是從何而來，那種對醜的渴求，像更古老的海勒人
（Hellene，古希臘人的自稱）那種追求悲觀主義、追求悲劇神
話、追求在此基礎上一切恐怖、邪惡、神秘、毀滅性和災難性
的美好而嚴肅的意志。

　　悲劇從何而來呢？莫非來自快樂、來自力量、來自充盈
的健康、來自過多的富足嗎？然而若從生理上來探詢，那種誕
生悲劇藝術和喜劇藝術的癲狂，戴歐尼修斯的癲狂，究竟有何
意義？莫非癲狂未必是蛻變、衰敗、遲暮文化的徵兆？難道
有一種健康的神經病？少年時期和青春期的神經病？薩蒂爾
（Satyr，希臘神話中耽溺於淫欲的森林之神，有尾巴和羊腳）
身上神與羊的綜合體暗示著什麼呢？希臘人出於何種自身體
驗、根據何種衝動，才會把戴歐尼修斯式的狂熱者和原始人設
想為薩蒂爾？

　　此外，就悲劇歌隊的起源而言，在希臘人的身體蓬勃盛
開、希臘人的心靈活力迸發的那幾個世紀裡，或許就真的有一
種本地特有的迷醉、幻景和幻覺彌漫在整個城邦、整個祭祀集
會裡嗎？如果希臘人正處於豐沛的青春時期當中，具有追求
悲劇的意志，成了悲觀主義者，那又將如何呢？如果用柏拉圖

的話來說，正是癲狂，給希臘帶來了極大的福祉，那又是如何呢？反過來說，如果希臘人正處於崩潰和虛弱的時代，變得越來越樂觀、膚淺、虛偽，越來越熱衷於邏輯和對世界的邏輯化，因而也變得「更快樂」和「更科學」了，那又會如何？

也許與一切「現代觀念」和民主趣味的偏見恰恰相反，樂觀主義的勝利，已經占了理性的上風，理論和實踐上的功利主義，類似於與它同時代的民主制度——可能是精力下降、暮年將至、生理疲憊的徵兆？而且，那不就是悲觀主義嗎？難道伊比鳩魯是一個樂觀主義者？只因為他是受苦者，這本書的確荷載著一大堆艱難的問題，不過，我們還要再加上一個最艱難的問題：

用生命的透鏡來看看，道德，究竟意味著什麼？……

****

在致理查·華格納的序言中，藝術——而不是道德——被說成是人類真正形而上的活動。正文中多次重複了如下若有所指的命題：唯有作為審美現象，世界才是合理的。實際上，全

書只知道一切事件背後有一種藝術家的意涵和藝術家的隱含意
義在其中,如果人們願意,也可以說只知道一位「神」,誠然
只不過是一位毫無疑慮的和非道德的藝術家之神,這位神無論
在建設中還是在破壞中,無論在善事中還是在壞事中,都想領
受他同樣的快樂和驕矜,他在創造世界之際擺脫了由於豐富和
過於豐富所引起的困厄,擺脫了在他身上匯集的種種矛盾所帶
來的痛苦。

　　世界,在任何一個瞬間裡已經達到了神的拯救,作為那個
只善於在假象(Schein)中自我解脫的最最苦難者、永遠變化多
端的最富於衝突和矛盾者、經常變化的幻覺,人們可以把這個
藝術家形而上學(Artisten-Metaphysik)的活動視為是任意的、
多餘的和幻想的,個中要義在於,它已經透露出一種精神,這
種精神終將不顧一切危險,抵禦和反抗相關的道德解釋和道德
意涵。

　　在這裡,也許首次昭示出一種「超越善與惡」的悲觀
主義,在這裡,充分表達了叔本華孜孜不倦地用他最激憤
的詛咒和責難加以抨擊的那種「心智反常」(Perversität der
Gesinnung)──此乃一種哲學,它敢於把道德本身置入現實世

界中，加以貶低，而且不是把它置於「現象界」，在唯心主義的專門術語意義（terminus technicus）上，而是把它歸入「欺騙」（Tauschungen）——作為假象、妄想、錯誤、解釋、裝扮和藝術。

這種反道德傾向的深度，也許最好是根據我在全書中，處理基督教時所採取的謹慎而敵對的沉默姿態來加以考量，基督教乃是迄今為止人類聽到過的關於道德主題，最放縱的形象表徵。事實上，與這本書中傳授的純粹審美的世界解釋和世界辯護，構成最大對立的，莫過於基督教學說了，後者只是道德的，而且只想是道德的，它以自己的絕對尺度，例如上帝的真實性，把任何一種藝術，都逼入謊言王國當中，對藝術進行否定、詛咒和譴責。

在這樣一種只消有一定程度的真誠感、就一定以藝術為敵的思想方式和評價方式的背後，我向來都能感受到那種對生命的敵視，那種對生命本身的憤怒、有強烈復仇欲的厭惡。因為一切生命都建立於假象、藝術、欺騙、外觀，以及透視和錯誤的必然性之上。基督教根本上自始至終就是徹底地對於生命的厭惡和厭倦，只不過是用對「另一種」或者「更好的」生命的

信仰來自我偽裝、隱藏和粉飾自己罷了。

　　對「世界」的仇恨、對情緒的詛咒、對美和感性的恐懼，為了更好地誹謗此岸而虛構了另一個彼岸，基本上就是一種對虛無、終結、安息的要求，直到「最後的安息日」（Sabbat der Sabbate）。在我看來，正如基督教那種只承認道德價值的絕對意志一樣，所有的這一切始終都像是一種「求沒落的意志」的一切可能形式中，最危險、最陰森可怕的形式，至少是生命重病、疲憊、鬱悶、衰竭的標誌，因為在道德面前（尤其是在基督教，亦即絕對的道德面前），生命由於是某種本質上非道德的東西，必定持續不斷且無可避免地遭受到不公平對待的，最後在蔑視和永恆否定的重壓下，生命必定被感受為不值得追求的、本身無價值的東西。

　　道德本身難道不會是一種「力求否定生命的意志」，一種隱秘的毀滅本能，一種淪落、萎縮、誹謗的原則，一種末日的開始嗎？難道它不會因此成為危險中的危險嗎？……所以，在當時，以這本可疑的書，我的那種為生命代言的本能，就轉變成反對道德，並且發明了一種根本性的、有關生命的相反學說和相反評價，一種純粹藝術的學說和評價，一種反基督教的學

說和評價。該如何來為它命名呢？作為語言學家和話語行家，我隨意地用一位希臘神祇的名字來為它命名，那就是：**戴歐尼修斯**。

****

人們理解我已經用這本書大膽觸及了何種任務嗎？……現在我感到多麼遺憾，當時我還沒有勇氣（或者一種苛求？），在各方面都用自己特有的語言來表達如此獨特的直觀和冒險，當時我是多麼吃力地力求用叔本華和康德的思維，來表達與他們的精神以及徹底相反的疏異而全新的思維與價值評估！

叔本華到底是怎麼來設想悲劇的呢？在《作為意志和表象的世界》裡，叔本華說：「使一切悲劇因素獲得特殊的提升動力的，是下列認識的升起，亦即：世界，生命不可能給出一種真正的滿足，因而不值得我們親近和依戀，悲劇精神即在於此，因此它引導人們聽天由命。」戴歐尼修斯對我講的話是多麼不同啊！當時這個聽天由命的態度離我是多麼遙遠啊！

但是，這本書裡有某種糟糕得多的東西，這是現在我覺

得更加遺憾的地方，比我用叔本華的思維來掩蓋和敗壞戴歐尼修斯的預感，更加遺憾，那就是：我通過攙入最現代的事物。從根本上敗壞了我所明白的偉大的希臘問題！在無可指望的地方，在一切皆太過清晰地指向終結的地方，我卻產生了希望！

我根據近來的德國音樂開始編造「德國精神」，彷彿它正好在發現自己、重新尋獲自己似的，而且在當時的不久之前，德國精神還在統治著歐洲的意志、領導歐洲的力量，剛剛按遺囑最終退位，並以建立帝國為堂皇藉口，完成了向平庸化、民主制和「現代理念」的過渡！

然而實際上，此時我已經學會了以毫無指望和毫不留情的態度來看待「德國精神」，同樣地也看待現在的德國音樂，後者徹頭徹尾地是浪漫主義，而且是一切可能的藝術形式中最沒有希臘性質的。此外，它還是一種頭等的神經腐敗劑，對於一個嗜酒並且把曖昧當作德性來尊重的民族來說，具有雙重的危險，也就是說，它作為既使人陶醉又使人們昏厥的麻醉劑，具有雙重特性。

誠然，撇開所有對於當今的急促希望和錯誤利用（它們在

當時讓我敗壞了我的第一本書），偉大的戴歐尼修斯，一如它
在書中所提出的那樣，即便在音樂方面還繼續存在著一種不再
像德國音樂那樣具有浪漫主義起源、而是具有戴歐尼修斯起源
的音樂，那它必須具備著怎樣的特性？……

****

但是先生，如果您的書不是浪漫主義，那麼全世界還有什
麼是浪漫主義呢？您的藝術家信奉形而上學，寧可相信虛無，
寧可相信魔鬼，也不願相信「現在」？對於「當下」、「現
實」和「現代觀念」的深仇大恨，難道還有比您還要深痛惡絕
的嗎？在您所有的對位法聲音藝術和聽覺誘惑術當中，不是有
一種飽含憤怒和毀滅欲的固定低音在嗡嗡作響嗎？不是有一種
反對一切「此在」之物的狂暴決心，與虛無主義相去不遠的實
踐上的意志嗎？這種意志似乎在說：「寧可無物為真，也勝過
你們的理，也勝過你們的真理！」

我的悲觀主義和把藝術神化的先生啊，您自己張開耳朵，
來聽聽從您書中選出來的一段獨特的文字，那段雄辯滔滔的有
關屠龍者的話，對於年輕的耳朵和心靈來說，它聽起來是頗具

蠱惑作用的。這難道不是1830年最真實的浪漫主義的自白，且戴上了1850年的悲觀主義面具嗎？其背後也已經奏起了典型的浪漫派最後樂章的序曲──斷裂、崩潰，皈依和膜拜一種古老信仰，這位古老的神祇……。怎麼？難道您的悲觀主義者之書，本身不就是一部反希臘精神的和浪漫主義的作品嗎？本身不就是某種「既使人陶醉又使人發昏」的東西嗎？至少它是一種麻醉劑，甚至於是一曲音樂，一曲德國音樂！但你們聽：

讓我們來想像一下正在茁壯成長的一代人，他們有著這種無所懼怕的目光，他們有著這種面對兇險的英雄氣概；讓我們來想像一下這些屠龍勇士的剛毅步伐，他們壯志凌雲，毅然抗拒那種樂觀主義的所有虛弱教條，力求完完全全「果敢地生活」──那麼，這種文化的悲劇人物，在進行自我教育以培養嚴肅和畏懼精神時，豈非必定要渴求一種全新的藝術，一種具有形而上慰藉的藝術，把悲劇當作他自己的海倫來渴求嗎？他豈非必定要與浮士德一道高呼：

而我豈能不以無比渴慕的強力，讓那無與倫比的形象重現生機？

「豈非必定要嗎？」……不，絕對不是！你們這些年輕的浪漫主義者啊，這並非是必定！但很有可能，事情會如此終結，之所以會如此終結，也就意味著會「得到慰藉」，如書上所記載，儘管你們以全部的自我教育來獲得嚴肅和畏懼之心，但仍舊會「得到形而上學的慰藉」，簡而言之，像浪漫主義者那樣終結，且以基督教方式……喔不！你們首先應當學會塵世慰藉的藝術。

我年輕的朋友們啊，如果你們願意繼續做悲觀主義者，你們就應當學會大笑；也許作為大笑者，你們會因此在某個時候，讓一切形而上學的慰藉──而且首先必須是形而上學──通通見鬼去吧！抑或者，用那個名叫查拉圖斯特拉的戴歐尼修斯惡魔的話來說：

我的兄弟們啊，提升你們的心靈吧，高些！更高些！也不要忘記你們的雙腿！也提升你們的雙腿吧，你們這些優秀的舞蹈者，最好你們也倒立起來吧！

這歡笑者的王冠，這玫瑰花冠：我自己戴上了這頂王冠，我自己宣告我的歡笑是神聖的。今天我沒有發現任何一個人在

這事上足夠強壯。

查拉圖斯特拉這個舞蹈者，查拉圖斯特拉這個輕盈者，他以羽翼招搖，一個準備飛翔者，向所有鳥兒示意，準備妥當了，一個歡樂而輕率者——查拉圖斯特拉這個預言者，查拉圖斯特拉這個真實歡笑者，並非一個不耐煩者，並非一個絕對者，一個喜歡跳躍和出軌者；而我自己戴上了這頂王冠！

這歡笑者的王冠，這玫瑰花冠。你們，我的兄弟們啊，我要把這頂王冠送給你們！我已宣告這種歡笑是神聖的；你們這些高等人啊，為我學習——歡笑吧！

節錄自《查拉圖斯特拉如是說》

前言　致理查・華格納

　　由於審美大眾的特殊性格，我在這本著作中傳達的思想，可能會引發種種的疑慮、騷動和誤解。為了遠離所有這些東西，也為了讓自己能以同樣平靜歡快的心情，來寫這本著作的引言（這本著作裡的每一頁都帶有這種歡快之情的標誌）。我最尊敬的朋友，我想像著您收到這本著作的那一瞬間，也許是在一個冬日的傍晚，您從雪地中漫步回來，打量著扉頁上的普羅米修斯，念著我的名字，立刻就堅信：不論這本著作想要表達什麼，這位作者一定是有嚴肅而緊迫的東西想要說；同樣地您也相信，以他所設想的一切，他與您的交談就如同當面傾訴，他只能把與這種當面傾訴相應的東西記錄下來。

　　您會憶及，正是在您撰寫紀念貝多芬的精彩文章的時候（華格納曾於1870年撰寫了一篇討論貝多芬的文章），也是在戰爭剛爆發的恐怖肅穆氛圍中，我正專注於眼前這本著作。倘若有人從這樣的沉思中，抽出一種愛國主義的激動與審美上的縱情享樂、嚴肅的戰爭與快樂的遊戲之間的對立，那他們就大錯特錯了。

　　相反地，只要認真讀這本著作，他們就會驚訝地看到，我們要探討的是非常嚴肅的國家問題，將這個問題安置於德國的

希望中心，視其為中流砥柱和轉捩點。也許對於某些人而言，
如此嚴肅地看待一個美學問題，成何體統！（如果他們只會認
為，藝術無非是一種搞笑、無關緊要的東西，一顆對於人生而
言可有可無的小鈴鐺）對於這些「嚴肅認真」的人們，我要
說：我堅信藝術才是生命的最高使命，才是真正的形而上學。
而這恰好也是這條道路上崇高的先驅──華格納的思想。

　　我在此將這本著作　獻給他。

1871年歲末於巴塞爾
弗里德里希・尼采

1

阿波羅 VS. 戴歐尼修斯

假設，我們不僅達到了邏輯的洞見，也達到了直接可靠的直觀；體認到藝術的進展與阿波羅和戴歐尼修斯兩者有關，恰如世代繁衍取決於持續爭鬥與週期性和解的兩性關係，那麼我們在美學上將會大有貢獻。

這兩個名詞是從希臘人那裡借用來的。希臘人雖然沒有使用抽象概念，但卻用他們的諸神世界透徹而清晰的形象，讓明智之士感受到他們對藝術觀深邃而隱秘的信念。與希臘人的這兩個藝術神祇——阿波羅與戴歐尼修斯——緊密相連的，是我們的以下認知：

在希臘藝術中存在著一種巨大的對立：造型藝術（阿波羅藝術）與非造型的音樂藝術（戴歐尼修斯藝術），兩者本質不同卻並行共存，二者多半處於公開的相互分裂中，相互刺激而達到嶄新的且更為有力的孕育，以便在其中保持那種對立的爭鬥。而「藝術」這個共同的名詞，只不過是在表面上消除了那

種對立，最終，在「希臘意志」的鼎盛時期，它們似乎融合起來了，共同誕生出阿提卡[1]悲劇的藝術作品。

為了更細緻地瞭解這兩種本能，讓我們首先把它們設想為由夢（Traum）與醉（Rausch）所構成的兩個分離的藝術世界。在這兩種生理現象之間，可以看出一種類似的對立，猶如在阿波羅與戴歐尼修斯之間那樣。按照盧克萊修[2]《物性論》的觀點，莊嚴的諸神形象最早是在夢中向人類心靈顯現的，偉大的雕塑家是在夢中看到超凡神靈的迷人形體，而且，若要向這位希臘詩人打探詩歌創作的奧秘，他同樣也會提到夢，給出一種類似於詩人漢斯·薩克斯（Hans Sachs，1494－1576，德國詩人）的教誨——弗里德里希·海貝爾（Friedrich Hebbel）這位德國詩人在《工匠歌手》中唱道：

> 我的朋友，解釋和記錄自己的夢，
>
> 這正是詩人的事業。
>
> 相信我，
>
> 人最真實的幻想，
>
> 總是在夢中向他開啟；
>
> 所有詩藝和詩體，

1．阿提卡（Attika）：以雅典為中心的希臘中東部地區，是古希臘城邦文化的發達區域。古希臘語即以阿提卡方言為主體。

2．盧克萊修（Titus Luoretius Carus，約西元前99－西元前55年）：古羅馬哲學家、詩人、唯物論者，代表作有《物性論》（De rerum natura）。

無非是對真實之夢的解說。

在夢境的創造方面，每個人都是完全的藝術家。夢境的美的假象是一切造型藝術的前提，其實，正如我們將會看到的，也是一大半詩歌的前提。我們在直接的形象領悟中盡情享受，所有形式都在對我們說話，根本沒有無關緊要的和不必要的東西。而即便是在這種夢的現實性的至高生命中，我們卻仍然具有對其假象的朦朧感覺：至少我的經驗是這樣，這種經驗是經常性的，甚至是一種常態，為此我確實可以提供許多證據，也可以提供詩人們的名言警句來佐證。哲學人士甚至預感到，在我們生活和存在於其中的這種現實性當中，還隱藏著第二種完全不同的現實性。因而前一種現實性也是一種假象。

叔本華就直接把這種天賦，即人們偶爾會把人類和萬物都看作單純的幻影或者夢境，標誌成哲學才能。就如同哲學家對於「此在」之現實性，藝術上敏感的人也是這樣對待夢的現實性的；他明察秋毫，樂於觀察。因為他根據這些形象來解說生活，靠著這些事件來歷練自己的生活。那種從自身體驗到的普遍的明智（Allverstandigkeit），絕非只是一些適意而友好的形象而已。還有嚴肅的、憂鬱的、悲傷的、陰沉的東西，突發的障

礙，偶然的戲弄，驚恐的期待等。

　　簡而言之，生命的整個「神曲」，連同「地獄篇」，都在我們身旁掠過，不光只是像一齣皮影戲——我們就在此場景中生活，一同受苦受難——但也不無那種倏忽而過的假象感。也許有些人會像我一樣記得，在夢的危險和恐怖場景中有時自己會鼓足勇氣，成功地喊出：「這是一個夢啊！我要把它繼續做下去！」也曾有人跟我說過，有些人能夠超過三個晚上連續做著同一個夢，繼續這同一個夢的因果聯繫。此類事實清楚地表明我們最內在的本質，我們所有人的共同根基，其本身就帶著深沉的歡愉和快樂的必然性，去體驗夢境。

　　這種夢境體驗的快樂必然性，希臘人同樣也在他們的阿波羅形象中表現出來。阿波羅，作為夢的表象之神，同時也是預言和藝術之神，按其詞根來分析，阿波羅乃是「閃耀者、發光者」，是光明之神，他也掌管著夢境的美的假象。這種更高的真理，這些與無法完全理解、與日常現實性對立狀態的完整性，還有對在睡夢中引起治療和幫助作用的自然的深度意識，同時也是預言能力的象徵性類似物，基本上就是使生活變得富有價值，並且使將來變成當下的各門藝術的象徵性類似物。

然而，仍有一條柔弱的界線，是夢境不可逾越的，如此才不至於產生病態作用，否則，假象就會來迷惑、欺騙我們。這條界線在阿波羅形象中也是不可或缺的：造型之神（Bildnergott）的那種適度的自制，那種對粗野衝動的解脫，那種充滿智慧的寧靜。按其來源，他的目光必須如同太陽般閃耀，即便在流露憤怒而不滿的眼神時，它也依然沐浴在美的假象的莊嚴之中。於是，在某種古怪的意義上，叔本華關於那個圍於摩耶面紗[3]下的人所講的話，大抵也適用於阿波羅。《作為意志和表象的世界》：

有如在洶湧大海上，無邊無際，

一個船夫坐在一隻小船上面，

面對起伏不定的咆哮波峰，只能信賴這脆弱的航船；

同樣地，在一個充滿痛苦的世界裡，

孤獨的人也安坐其中，

只能依靠和信賴個體化原理（principium individuationis）了。

是的，對於阿波羅，我們只能選擇對個體化原理給予不可動搖的信賴，受縛於其中。在阿波羅身上得到了最突出的表

3. 摩耶面紗（Schicier der Maja）為叔本華所採用的古印度哲學術語。摩耶面紗指人類感覺的虛幻世界。

達，而且我們可以把阿波羅本身稱為個體化原理的壯麗神像，其表情和眼神向我們道出了「假象」全部的快樂和智慧，連同它的美。

在同一處，叔本華為我們描述了那種巨大的恐懼，即當人由於根據充足理由律 [4] 在其某個形態中似乎遭遇到例外，從而突然對現象的認識形式產生懷疑時，人就會感到無比恐懼。如果我們在這種恐懼之外還加上那種充滿喜悅的陶醉，即在個體化原理破碎時從人的內心深處、其實就是從本性中升起的那種迷人陶醉，那麼，我們就能洞察到戴歐尼修斯的本質——用醉來加以類比是最能讓我們理解它的。

無論是通過所有原始人類和原始民族在頌歌中所講的烈酒的影響，還是在使整個自然欣欣向榮的春天強有力的腳步聲中，那種戴歐尼修斯式的激情都甦醒了過來，而在激情高漲時，主體便會隱藏於完全的自身遺忘狀態。即便在中世紀的德意志，受同一種戴歐尼修斯強力的支配，也還有總是不斷擴大的隊伍，載歌載舞，輾轉各地：在這些聖約翰節和聖維托節舞者 [5] 身上，又重現了希臘人的酒神歌隊，其歷史可溯源於小亞細亞，直至巴比倫和放縱的薩卡人（Saken，古代居住在伊朗

4. 叔本華，《充足理由律的四重根》，1813年。

北部草原的遊牧民族）。如今有些人，由於缺乏經驗或者由於呆頭呆腦，感覺自己是健康的，便譏諷地或者憐憫地躲避此類現象，有如對待「民間流行病」那般：這些可憐蟲當然料想不到，他們的所謂「心靈健康」，和酒神歌隊熱烈的生機勃勃相比較，顯得多麼像幽靈般慘白！

在戴歐尼修斯的魔力之下，不僅人與人之間得以重新締結聯盟：連那疏遠的、敵意的或者被征服的自然，也重新慶祝它與自己失散之子——人類——的和解節日。大地自願地獻出自己的贈禮，山崖荒漠間的野獸溫順地走來。戴歐尼修斯的戰車綴滿鮮花和花環：豹和虎在它的車軛下行進。

我們不妨把貝多芬的《歡樂頌》轉換成一幅畫，讓我們的想像力跟進，想像萬民令人恐怖地落入塵埃，化為烏有：於是我們就能接近戴歐尼修斯了。現在，奴隸也成了自由人；現在，困頓、專橫或者「無恥的風尚」，在人與人之間修築起來的頑固而敵意的所有藩籬，全都分崩離析。現在有了世界和諧的福音，人人都感到自己與鄰人不僅和解了，還合為一體，彷彿摩耶面紗已經被撕碎，只還有些碎片在神秘的「太乙」（das Ur-Eine）面前飄零。

5. 聖約翰節和聖維托節舞者（Sanct-Johann- und Sanet-Veittonzer）：均為基督教節日，「聖約翰節」又稱「施洗者聖約翰節」，為每年6月24日；「聖維托節」則在每年6月28日。

載歌載舞之際，人表現為一個更高的共同體的成員：他忘掉了行走和說話，正要起舞並凌空飛翔。他的神態透露出一種陶醉。正如現在野獸也能說話，大地流出乳汁和蜂蜜，同樣地，人身上發出某種超自然之物的聲音：人感覺自己就是神，正如人在夢中看見諸神的變幻，現在人自己也陶醉而飄然地變幻。人不再是藝術家，人變成了藝術品。在這裡，在醉的戰慄中，整個自然的藝術強力得到了彰顯，臻至「太乙」最高的狂喜滿足。

人這種最高貴的陶土，這種最可珍愛的大理石，在這裡得到捏製和雕琢，而向著戴歐尼修斯的宇宙藝術家的雕鑿之聲，響起了厄琉西斯秘密儀式[6]的呼聲：「萬民啊，你們倒下來了？宇宙啊，你能預感到造物主嗎？」

6. 厄琉西斯（Eleusis）：古希臘地名，位於雅典西北約30公里的一個小鎮。「厄琉西斯秘儀」是當地一個秘密教派的年度入會儀式，該教派崇拜得墨忒耳和珀耳塞福涅。「厄琉西斯秘儀」被認為是古代所有神秘崇拜中最重要的一種。這些崇拜和儀式必須嚴格保密，全體信徒都要參加的入會儀式，是信徒與神直接溝通、獲得神力的庇護和來世的回報的通道。此儀式後來也傳到了古羅馬。

2
夢與醉

　　前面我們已經把阿波羅與它的對立面，即戴歐尼修斯，看成兩種藝術力量，它們是從自然本身中突顯出來的，無需人類藝術家的介入；而且在其中，兩者的藝術衝動是直接獲得滿足的：一方面作為夢的形象世界，其完美性與個體的知識程度和藝術才能毫無聯繫，另一方面乃作為醉的現實性，它同樣也不重視個體，甚至力求消滅個體，通過一種神秘的統一感使個體得到解脫。相對於這兩種直接、自然的藝術狀態，任何一個藝術家就都成了「模仿者」。

　　而且，若非是阿波羅式的夢之藝術家，那麼就是戴歐尼修斯式的醉之藝術家，要不然就是像在希臘悲劇中那樣，兩者兼有，既是醉之藝術家，又是夢之藝術家。對於後一種類型，我們大致要這樣來設想：在戴歐尼修斯的醉態和神秘的忘我境界中，他孑然一人，離開了狂熱的歌隊，一頭倒在地上了；之後，通過阿波羅式的夢境感應，他自己的狀態，亦即他與宇宙最內在根源的統一，以一種比喻性的夢之圖景向他彰顯出來。

有了上述一般性的前提和對照，我們現在就能進一步來理解希臘人，來看看那種自然的藝術衝動在希臘人身上曾經發展到了何種程度和何等高度。由此，我們就能夠更深入的理解和評估希臘藝術家與其原型之間的關係，或者用亞里斯多德的說法，就是「模仿自然」。

說到希臘人的夢，雖然他們留下了種種關於夢的文獻和大量有關夢的軼聞，但我們也只能作一些猜測了，不過這種猜測還是相當有把握的。他們的眼睛有著難以置信的確定而可靠的造型能力，外加他們對於色彩有著敏銳而坦誠的愛好。有鑑於此，我們不得不假設，即便對他們的夢來說也有一種線條和輪廓、色彩和佈局的邏輯關係，一種與他們的最佳浮雕相類似的場景序列——這一點是足以讓所有後人大感羞愧的。他們的夢的完美性——倘若可以做一種比照——無疑使我們有權將做夢的希臘人稱為荷馬，而把荷馬稱為做夢的希臘人。這種比照是在一種更深刻的意義上講述的，其深度勝於現代人著眼於自己的夢卻膽敢自詡為莎士比亞。

相反地，如果可以將戴歐尼修斯的希臘人與戴歐尼修斯的野蠻人區分開來的巨大鴻溝提示出來，那麼，我們就無需表述

地說話了。在古代世界的所有地方——這裡姑且撇開現代世界不談——從羅馬到巴比倫，我們都能夠證明戴歐尼修斯節日的存在，其類型與希臘戴歐尼修斯節日的關係，充其量就像長鬍子的薩蒂爾（其名稱和特徵取自山羊）之於戴歐尼修斯本身。幾乎在所有地方，這些節日的核心都在於一種激情洋溢的性放縱，其洶湧大潮衝破了任何家庭生活及其可敬的規章。

在這裡，恰恰最粗野的自然獸性被釋放出來，乃至於造成肉慾與殘暴的可惡混合，這種混合在我看來永遠是真正的「放縱淫慾」。關於這些節日的知識，是從海陸各方面傳入希臘的。看起來，有一陣子，希臘人對這些節日的狂熱激情，似乎進行了充分的抵制和防禦，其手段就是以其全部的高傲樹立起來的阿波羅形象，這個阿波羅，即便用梅杜莎的頭顱，也對付不了一種比醜陋粗野的戴歐尼修斯力量更加危險的力量。

1. 多立克藝術：古希臘的藝術風格，與愛奧尼亞式和科林斯式並稱希臘藝術的三大風格類型。

2. 德 爾 斐 之 神（delphischer Gott）：指阿波羅神。德爾斐（Delphi）為希臘宗教聖地，以阿波羅神殿著稱，位於雅典西北部170公里處的帕爾納索斯山。

正是在多立克藝術[1]中，阿波羅那種威嚴拒斥的姿態得以永垂不朽。當類似的衝動終於從希臘人的根本深處開出一條道路時，這種抵抗就變得更加可疑了，甚至於變得幾乎不可能了：至此，德爾斐之神[2]的作用就僅限於，及時與強敵達成和解，從而卸去他手中的毀滅性武器。這次和解乃是希臘崇拜史上最重

要的時刻。無論從哪個角度看，均可明顯看見這個事件所引發
的巨大變革。此乃兩個敵人之間的和解，清楚地劃定了兩者今
後必須遵守的界線，而且也定期互贈禮物，但根本上，鴻溝並
沒有消失。

　　然而，如果我們來看看在那種媾和的壓力下，戴歐尼修斯
的強力是怎樣彰顯出來的，那麼，我們就會認知到，與巴比倫
的那些薩卡人及其由人變成虎和猿的倒退相比較，希臘人的戴
歐尼修斯狂歡，是具有救世節日和神化之日的意涵。唯有在這
些日子裡，自然才獲得了它的藝術歡呼聲，個體化原則的破碎
才成為一個藝術現象。在此，那種由肉慾與殘暴所組成的可惡
的放縱淫慾，是全無功效的。就像藥物讓人想起致命毒鴆，只
有戴歐尼修斯狂熱信徒的情緒中那種奇妙的混合和雙重性，才
會使我們想起它，才會使我們想到那種因痛苦而引發快感，歡
呼釋放胸中悲苦的現象；極樂中響起驚恐的叫聲，或者對一種
無可彌補的失落的熱切哀鳴。

　　在希臘的那些節日裡，自然似乎吐露出一種傷感的氣息，
彷彿它要為自己肢解為個體而歡息。對於荷馬時代的希臘世界
而言，此類雙重情調的狂熱者的歌聲和姿態，是某種前所未聞

的新鮮事，更有甚者，戴歐尼修斯的音樂激起了他們的驚駭和恐懼感。如果說音樂已經作為一種阿波羅藝術而獲得承認，那麼，更準確地說，實際上它只是作為節奏之波的拍打，其造型力量乃是為了表現阿波羅狀態而發展起來的。

阿波羅的音樂乃是音調上的多立克建築，不過，那只是像豎琴所特有的那種暗示性的音調。而恰恰就是構成戴歐尼修斯音樂的特性，因而也構成一般音樂的特性的那個元素——即音調的震撼力，以及無與倫比的和聲境界，被當作非阿波羅元素而小心謹慎地摒棄掉了。

在戴歐尼修斯的酒神頌歌（Dithyrambus）中，人受到刺激，把自己的象徵能力提高到極致；某種從未有過的感受急於發洩出來，那就是摩耶面紗的消滅，作為種類之神、甚至自然之神的一元性（das Einssein）。現在，自然的本質就要得到象徵的表達，必須有一個全新的象徵世界，首先是整個身體的象徵意義，不只是嘴、臉、話語的象徵意義，而是豐盈的讓所有肢體有節奏地運動的舞姿。然後，其他象徵力量，音樂的象徵力量，則表現在節奏、力度和和聲中的象徵力量，突然間熱烈地生長了起來。

　　為了把握這種對全部象徵力量的總體釋放，人必須已經達到了那種忘我境界的高度，這種忘我境界想要通過那些力量象徵性地表達自己。所以，詠唱酒神頌歌的戴歐尼修斯信徒只能被自己的同類所理解！阿波羅式的希臘人必定會帶著何種驚訝看著他（指戴歐尼修斯信徒）啊！當他這種驚訝攙入了恐懼，感到那一切對他來說並非真的如此陌生，其實他的阿波羅意識也只是像一層紗掩蓋了他面前的這個戴歐尼修斯世界罷了，這時候，他的驚訝就愈加厲害了。

3
奧林帕斯諸神

為了把握這一點，我們必須一步一步地拆掉那幢漂亮的阿波羅文化大廈，直到我們見到它所奠立的基石為止。在這裡，我們發覺那些矗立在大廈山牆上的壯美的奧林帕斯諸神形象，他們的事蹟在光芒四射的浮雕中呈現，裝飾著它的雕飾花紋。儘管作為與諸神並列的一個神祇，阿波羅也置身於諸神之中，並沒有要求取得最佳地位，但我們卻不可因此而受到迷惑。畢竟，正是在阿波羅身上體現出來的同一種衝動，創造了那整個奧林帕斯世界，在此意義上，我們就可以把阿波羅視為奧林帕斯世界之父。那麼，使一個如此輝煌的奧林帕斯神界得以誕生的，究竟是何種巨大的需要呢？

若是有誰心懷另一種宗教去面對奧林帕斯諸神，試圖在他們那裡尋找道德的高尚（或者聖潔），尋找非肉體的超凡脫俗，尋找慈愛的目光，那麼，他必將大感鬱悶和失望，立刻掉頭而去。在這裡沒有任何東西會讓人想到禁欲、教養和義務之類的東西；在這裡，我們只聽到一種豐盛的、歡欣的人生，在

其中一切現成事物，無論善惡，都被神化了。

　　這樣一來，觀看者站在這樣一種奇妙、充盈的生命面前，就會大感震驚，就會問自己：這些個豪放縱情的人們是服了何種神奇魔藥，竟能如此享受生命，以至於無論他們往何方看，「在甜蜜感性中飄浮的」海倫[1]，他們的本己實存的理想形象，都對他們笑臉相迎。而對於這個已然轉過頭去的觀看者，我們必須大喊一聲：「別離開啊，且先來聽聽希臘的民間格言對這種生命，對這種以如此妙不可言的歡快展現在你面前的生命，都說了些什麼」。

　　有一個古老的傳說，說國王彌達斯[2]曾在森林裡長久地追捕戴歐尼修斯的同伴——聰明的西勒尼[3]——卻沒有捉到。後來西勒尼終於落到了他的手上，國王就問他：對於人來說，什麼是絕佳最妙的東西呢？這個魔鬼僵在那兒，默不做聲。最後，在國王的脅迫下，他終於尖聲大笑起來，道出了下面這番話：「可憐的短命鬼，無常憂苦之子啊，你為何要強迫我說些你最好不要聽到的話呢？那絕佳的東西是你壓根兒都得不到的，那就是：不要生下來，不要存在，要成為虛無。而對你來說，次等美妙的事便是——快快死掉。」

1. 海倫（Helena）：主神宙斯之女，相傳是古希臘第一美女，因她而引發了特洛伊戰爭。
2. 彌達斯（Midas）：古希臘神話中佛里吉亞的國王，相傳他曾捕獲戴歐尼修斯的同伴西勒尼，後來釋放了它，戴歐尼修斯為了報答他而傳授他點石成金的本領。
3. 西勒尼（Silen）：希臘神話中酒神戴歐尼修斯的老師和同伴。

奧林帕斯諸神世界與這民間格言的關係如何呢？猶如受折磨的殉道者的迷人幻覺之於自己的苦難。

眼下，奧林帕斯魔山彷彿對我們敞開了，向我們顯露出它的根基了。希臘人認識和感受到了人生此在的恐懼和可怕：為了終究能夠生活下去，他們不得不在這種恐懼面前，設立了光輝燦爛的奧林帕斯諸神之夢的誕生。那種對大自然的巨大懷疑，那冷酷地高踞於一切知識之上的命運，那偉大的人類之友普羅米修斯[4]的兀鷹，那聰明的俄狄浦斯[5]的可怕命運，那迫使俄瑞斯忒斯去做弒母勾當的阿特里德斯的家族咒語。簡言之，那整個森林之神的哲學，連同它那些使憂鬱的伊特魯利亞人[6]走向毀滅的神秘榜樣——所有的這一切，都被希臘人通過奧林帕斯諸神的藝術的中間世界，持續不斷地重新克服，至少也是被掩蓋起來，並從視野中消失了。

為了能夠生活下去，希臘人基於最深的強制性不得不創造了這些諸神：我們也許要這樣來設想這個過程，即由那種阿波羅之美的衝動，經過緩慢的過渡，原始的泰坦式的恐怖諸神制度演變為奧林帕斯的快樂諸神制度了，有如玫瑰花從荊棘叢中綻放出來。倘若人生此在沒有被一種更高的靈光所環繞，已

4. 普羅米修斯（Prometheus）：希臘神話中最有智慧的神之一，為泰坦巨人之一，是人類的創造者和保護者，相傳為了讓人類過著幸福的生活而盜取火種，被主神宙斯綁在高加索山上。

5. 俄瑞斯忒斯（Orestes）為邁錫尼國王阿特柔斯（Atreus）的孫子，阿伽門農的兒子。相傳阿特柔斯殺死了意欲篡位的弟弟梯厄斯忒斯的兩個兒子，並把人肉煮了給他吃，當他發現吃的竟是兒子的肉時，便詛咒阿特柔斯家族，之後在阿特柔斯的孫子俄瑞斯忒斯身上應驗了這個詛咒：俄瑞斯忒斯為報弒父之仇殺死了自己的母親。悲劇作家埃斯庫羅斯的著名作品《俄瑞斯忒斯》描寫了這個神話故事。

6. 伊特魯利亞人（Etrurier）：約西元前900年開始定居於義大利中部的一個種族，西元前5世紀左右處於文化鼎盛期，之後被羅馬人同化，直至消失。

經在其諸神世界中向這個民族顯示出來了，那麼，這個如此敏感、如此狂熱地欲求、如此獨一無二地能承受痛苦的民族，又怎麼能忍受人生呢？

把藝術創建出來的同一種衝動，作為引誘人們生活下去的對人生此在的補充和完成，也使得奧林帕斯世界得以誕生，而在這個世界中，希臘人的「意志」就有了一面，具備美化作用的鏡子。於是，諸神因為自己過著人的生活，從而就為人類生活做出了辯護——此乃唯一充分的神正論[7]！在這些諸神的明媚陽光之下，人生，才被認為是本身值得去追求的，而荷馬式的人類的真正痛苦，就在於與這種現象相悖離，尤其是快速的悖離，以至於我們現在可以把西勒尼的格言顛倒一下來說：「**對於他們來說，最糟的事就是快快死掉，其次則是終有一死。**」

這種悲歎一旦響起，聽起來就是對短命的阿卡琉斯[8]的悲歎，對於人類落葉般變幻和轉變的悲歎，對於英雄時代的沒落的悲歎。渴望繼續活下去，哪怕是當臨時工，也不失曠世英雄的體面。在阿波羅階段，「意志」是如此狂熱地渴求，而荷馬式的人類感到自己與人生融為一體，以至於連悲歎也變成了人生的頌歌。

7. 神正論（Theodicee）：又譯「神義論」，詞根上由希臘文的「神」（theos）和「正義」（dike）構成，是關於惡的起源和性質的解釋，旨在為神的正義辯護。

8. 阿卡琉斯（Achilles）：荷馬史詩《伊利亞得》中的英雄，為希臘最偉大的英雄，死於特洛伊戰爭中。

　　至此我們必須指出：這種為現代人如此渴望地直觀的和諧，實即人類與自然的統一性，席勒用「樸素的」[9]這個術語來表示的統一性，絕對不是一種十分簡單的、自發產生的、彷彿不可避免的狀態，我們在每一種文化的入口處，必定會將其當作一個人類天堂來發現的狀態：只有一個時代才會相信這一點，這個時代力求把盧梭的愛彌兒也設想為藝術家，誤以為在荷馬身上找到了在自然懷抱裡培育起來的藝術家愛彌兒。

　　凡在藝術中發現「樸素」之處，我們都必須認識到阿波羅文化的至高境界：這種文化總是先要推翻泰坦王國，殺死巨魔，並且必須通過有力的幻覺和快樂的幻想，戰勝了那種可怕而深刻的世界沉思和極為敏感的受苦能力。然而，要達到這種樸素，便與假象之美完全交織在一起，這是多麼難得！因此，荷馬的崇高是多麼難以言說，他作為個體與阿波羅的民族文化的關係，有如個別的夢之藝術家，之於一般民族的和自然的夢想能力。

　　荷馬式的「樸素性」只能被把握為阿波羅幻想的完全勝利：正是這樣一種幻想，是自然為了達到自己的意圖而經常要使用的。真正的目標被某種幻象所掩蓋：我們伸手去抓取這個

9. 席勒在《論樸素的詩和感傷的詩》中以「樸素的」（naiv）與「感傷的」（sentimen-talisch）來區分古代詩歌與現代詩歌。

幻象，自然是由於我們的錯覺而達到了真正的目標。在希臘人
那裡，「意志」力在天才和藝術世界的美化作用中直觀自己。
為了頌揚自己，「意志」的產物必須先感覺到自己是值得頌揚
的，它們必須在一個更高的領域裡重新審視自己，而這個完美
的直觀世界又沒有發揮命令或者責備的作用。

　　此乃美的領域，希臘人在其中看到了自己的鏡像──即奧
林帕斯諸神。藉著這種美的反映，希臘人用「意志」來對抗那
種與藝術天賦相關，忍受苦難和富於苦難智慧的天賦。而作為
這種「意志」勝利的紀念碑，荷馬這位樸素的藝術家，聳立在
了我們的面前。

4
醒 與 夢 衝 突

關於這個樸素的藝術家，夢的類比可以給我們若干教益。如果我們來想像這樣一個做夢者，他沉湎於夢境的幻覺中而未受干擾，對著自己大喊一聲：「這是一個夢啊，我要把它繼續做下去！」如果我們必須由此推斷出一種夢之直觀內心深刻的快樂，而另一方面，又為了能夠帶著這種觀照的內心快樂去做夢，我們就必須完全遺忘白晝及其可怕的煩心糾纏。

那麼，對於所有的這些現象，我們也許就可以用下面的方式，在夢神阿波羅的指導下做出解釋了。儘管在生活的兩半當中，醒的一半與夢的一半，前者在我們看來無疑是更受優待的一方，要重要得多、更有價值，也更值得體驗，其實那是唯一得到的經歷：但我卻願意主張——雖然給人種種荒謬的假象——對於我們的本質（我們就是它的現象）的神秘根基而言，我們反而更要重視夢。

因為我越是在自然中覺察到那些萬能的藝術衝動，覺察到

在藝術衝動中有一種對假象的熱烈渴望，對通過假象而獲救的熱烈渴望，就越是覺得自己不得不做出一個形而上學的假設，即真正存在者和太乙（真實存在者與原始統一性），作為永恆受苦和充滿矛盾的東西，為了自身得到永遠的解脫，也需要迷醉的幻景、快樂的假象。當我們完全圍於這種假象中，而且是由這種假象所構成的，就不得不把這種假象看作是真正非存在的現象，亦即一種在時間、空間和因果關係中的持續生成，換言之，就是經驗的實在性。

所以，如果我們暫且撇開我們自己的「實在性」，如果我們把我們的經驗與一般世界，同樣把握為一種隨時會被生產出來的太乙表象，那麼，我們此時就必定會把夢視為假象之假象，從而視之為對於假象的原始慾望的一種更高的滿足。由於這同一個種理由，自然天性中最內在的核心，具有那種對於樸素藝術家和樸素藝術作品（它同樣只不過是「假象之假象」）無可名狀的快樂。

拉斐爾（Rafael，1483—1520，義大利文藝復興時期畫家及建築師）本身是那些不朽的「樸素者」之一，在一幅具有比喻性質的畫作中向我們描繪了那種從假象到假象的貶降，樸素

藝術家的原始過程，同時也是阿波羅文化的原始過程。在他的《基督顯靈》[1]中，下半部分用那個中了邪的男孩、幾個面露絕望的帶領者、幾個驚惶不安的門徒，向我們展示了永恆的原始痛苦與世界上唯一有根據的反映：「假象」，在這裡乃是永恆的矛盾與萬物之父的映照。現在，從這個假象中升起一個幻景般全新的假象世界，猶如一縷仙界迷人的芳香，而那些圍於第一個假象世界中的人們是看不到後者的——那是一種在最純粹的極樂中閃爍的飄浮，一種在毫無痛苦的、由遠大目光發射出來的觀照中閃爍的飄浮。

在這裡，在至高的藝術象徵中，我們看到了阿波羅的美的世界及其根基，看到了西勒尼的可怕智慧，並且憑藉直覺把握到它們相互之間的必要性。然而，阿波羅又是作為個體化原理的神化出現在我們的面前，唯有在此個體化原理中，才能實現永遠臻至太乙的目標，太乙通過假象而達到的解救：阿波羅以最崇高的姿態向我們指出，這整個痛苦世界是多麼必要，它能促使個體產生出具有解救作用的幻景，然後使個體沉湎於幻景的觀照中，安坐於大海中間一葉顛簸不息的小船上。

這樣一種對個體化的神化，如果被認為是命令性和制定準

1. 《基督顯靈》（Transfiguration）：是拉斐爾最後一幅傑作，內容取材於《馬太福音》第17章，現收藏於梵蒂岡博物館。據《馬太福音》第17章描寫，耶穌為一個中了邪、癲癇病發的男孩驅魔，治好了他的病。拉斐爾的《基督顯靈》下半部分表現了男孩、帶男孩來的人以及幾個耶穌門徒當時的神情和場景。

則的，那麼，它實際上只知道一個定律：即個體，也就是遵守個體的界限，希臘意義上的適度（das Maass）。阿波羅，作為一個道德神祇，要求其信徒適度和自知——為了能夠遵守適度之道，就必須要求有自知之明（Seibsterkenritnis）。於是，與美的審美必然性並行不悖的，提出了「認識你自己」和「切莫過度！」的要求。而狂傲自大和過度則被視為非阿波羅領域的真正敵對的惡魔，從而被視為前阿波羅時代（即泰坦時代）和阿波羅之外的世界（即野蠻世界）的特性。普羅米修斯由於對人類懷有泰坦式的大愛，一生必定要為蒼鷹所撕咬；俄狄浦斯因其過度的智慧解開了斯芬克司[2]之謎，故必定要陷入一個紛亂的罪惡旋渦中。德爾斐之神就是這樣來解釋希臘的過去的。

　　阿波羅的希臘人以為，戴歐尼修斯所激起的效果也是「泰坦」和「野蠻」的，而這個希臘人同時又不能對自己隱瞞，戴歐尼修斯實際上在內心深處也與那些被顛覆了的泰坦諸神和英雄們有著親緣關係。的確，他必定還有更多的感受：他的整體以及全部的美和節制，乃依據痛苦和知識的一個隱蔽根基，這個根基又是由戴歐尼修斯因素向他揭示出來的。看！沒有戴歐尼修斯，阿波羅就不能存活！說到底，「泰坦」和「野蠻」對於阿波羅而言也是必不可少的。

2.　斯芬克司（Sphinx）：希臘神話中人面獅身的怪物，生性殘酷，常讓路人猜謎，猜不中即被牠吃掉。俄狄浦斯猜出了謎題，她便自殺了。

現在讓我們來假設一下，戴歐尼修斯慶典的狂歡銷魂之聲，是怎樣以愈來愈誘人的魔幻旋律，融入這個在假象和節制基礎上建立起來、並且受人為抑制的世界中的。而在這種魔幻旋律中，是如何張揚出自然在快樂、痛苦和認識方面的所有過度，直到變成銳利的呼號：讓我們來設想一下，與這種著魔的民歌相比，那吟唱讚美詩的、有著幽靈般琴音的阿波羅藝術家，可能意味著什麼。

面對一種在陶醉中道出真理的藝術，「假象」藝術的繆斯女神們便黯然失色了，西勒尼的智慧對著快樂的奧林帕斯諸神高呼：「哀哉！哀哉！」在這裡，守著種種界限和適度原則的個體，便落入戴歐尼修斯狀態的忘我之境中，忘掉了阿波羅的戒律了。過度揭示自身為真理，那種矛盾、由痛苦而生的狂喜，從自然天性的核心處自發地道出：我借此已經表明，在戴歐尼修斯元素滲透進來的地方，戴歐尼修斯誕生的直接後果就是阿波羅的消滅。而同樣確鑿無疑的是，在初次進攻被抵擋住的地方，德爾斐神的威望和莊嚴就表現得前所未有地穩固和咄咄逼人。

實際上，我只能把多立克國家和多立克藝術解釋為阿波羅

的持續陣營：只有在一種對泰坦式野蠻的戴歐尼修斯本質的不斷反抗當中，一種如此固執而脆弱、壁壘森嚴的藝術，一種如此戰爭式的和嚴肅的教育，一種如此殘暴而冷酷的政治，才可能更長久地延續下來。

到這裡，我已經進一步闡述了我在本書開頭所作的說明，即：戴歐尼修斯元素與阿波羅元素如何在相伴相隨的創生中相互提升，統轄了希臘的本質。在阿波羅的美的衝動支配下，「青銅」時代借助於當時的泰坦諸神之爭和嚴肅的民間哲學，如何演變為荷馬的世界，這種「樸素的」壯麗景象又如何被戴歐尼修斯元素的洪流所吞沒，而面對這種全新的勢力，阿波羅元素如何奮起，而成就了多立克藝術和多立克世界觀的穩固與莊嚴。

如果以此種方式，在那兩個敵對原則的爭鬥中，古希臘的歷史分成了四大藝術階段：神話（青銅或泰坦時代）、史詩（荷馬時代）、抒情詩（戴歐尼修斯時代）和雕塑（多立克藝術時代）。那麼，我們現在就不得不進一步追問這種變易和驅動的最終意圖——假如我們絕不把這最後達到的多立克藝術時期，視為那種藝術衝動的巔峰和目的。而在這裡，呈現在我

們眼前的，是阿提卡悲劇和戲劇酒神頌歌的崇高而卓著的藝術作品，它們是兩種衝動的共同目標，在經過上述的長期爭鬥之後，這兩種衝動的神秘聯姻，歡天喜地地產下一個孩兒——她既是安提戈涅又是卡珊德拉 [3]。

3. 安提戈涅（Antigone）是俄狄浦斯之女，索福克勒斯同名悲劇中的女主角，因不顧國王克瑞翁的禁令安葬了自己的兄長而被處死；卡珊德拉（Cassandra）是希臘神話中的女預言家，特洛伊的公主，雅典娜的祭司，阿波羅賦予她預言的能力，然而又施以詛咒：她的預言將百發百中，但誰也不會相信。對尼采來說，安提戈涅反抗國王的法律而服從天神的律法，從而是與阿波羅神相聯繫的；而拒絕了阿波羅的追求的卡珊德拉則與戴歐尼修斯神相聯繫，故兩者分別代表著太陽神阿波羅精神與酒神戴歐尼修斯精神。

5

客觀與主觀

現在我們接近本書探究的真正目標了，那就是認識戴歐尼修斯和阿波羅的天才及其藝術作品，至少是感悟那個統一性的奧秘。在這裡，我們首先要追問的是，那萌發的關鍵點是在希臘世界的什麼地方顯露出來的，後來才發展為悲劇和戲劇酒神頌歌。

關於這一點，古代史本身就為我們提供了具體的啟示，古人把荷馬和阿爾基洛科斯[1]當作希臘詩歌的始祖和標竿，把兩者並置於雕塑、飾物等等上面，並且確切地感知到唯有這兩個完全獨創的人物才值得重視，從他們身上噴出來的一股火流湧向後世的整個希臘世界。

荷馬，這位沉湎於自身的年邁夢想家，阿波羅式的樸素藝術家的典範，現在愕然看著狂野地貫通在英武的繆斯僕人阿爾基洛科斯那充滿激情的腦袋裡。而近代美學[2]只知道做解釋性的補充，居然說，在這裡，這位「客觀」藝術家與第一位「主

1. 阿爾基洛科斯（Archilochus，約西元前680－西元前640年）：古希臘抒情詩人，擅長個人經驗和情感抒發。

2. 此處指黑格爾的美學。黑格爾在《美學》中區分了客觀藝術（史詩）與主觀藝術（抒情詩）。

觀」藝術家對峙起來了。這種解釋對我們是無所裨益的，因為我們只把主觀藝術家認作糟糕的藝術家，而且在任何種類和任何品味的藝術中，我們首先要求戰勝主觀性、解脫「自我」，不理睬任何個人的意志和慾望。的確，若是沒有客觀性，沒有純粹的無利害的直觀，我們是絕不可能相信哪怕最微不足道的真正藝術的誕生。

因此，我們的美學必須首先解答這樣一個問題：「抒情詩人」如何能成為藝術家？——因為按照各個時代的經驗來看，「抒情詩人」言必稱「自我」，總是在我們面前演唱他那激情和慾望的整個半音音階。與荷馬相比較，正是這個阿爾基洛科斯通過其仇恨和嘲諷的吶喊，通過其慾望的狂熱爆發，令我們感到驚恐；難道他，第一個所謂的主觀藝術家，不是因此就成了真正的非藝術家了嗎？這樣一來，這位詩人所享有的崇敬又是從何而來呢？就連德爾斐的預言者，那「客觀」藝術的發源地，也以非常奇怪的神諭向他表示了崇敬。

席勒曾經通過一種他自己也無法說明、但看來並不可疑的心理觀察，向我們揭示了他的創作過程；因為他承認，在創作活動的準備階段，眼前和內心絕不擁有一系列按思維因果性排

列起來的形象，而毋寧說這是有一種音樂情調（「在我這裡，感覺起先並沒有明確而清晰的物件；這物件是後來才形成的。某種音樂性的情緒在先，接著我才有了詩意的理念」[3]）。如果我們現在另外再加上整個古代抒情詩中最重要的現象，即那種普遍地被視為自然而然的抒情詩人與音樂家的一體化，實即兩者的同一性——與此相比，我們現代的抒情詩就好比一尊無頭神像了——那麼，根據前面所描述的審美形而上學，我們就可以用下面的方式來解釋抒情詩人了。

首先，作為戴歐尼修斯式的藝術家，抒情詩人是與太乙及其痛苦和矛盾完全一體的，並且把這種太乙的摹本製作成音樂。這種音樂，我們稱為一種對世界的重演和一種對世界的重鑄；但在阿波羅的夢的影響下，抒情詩人又能彷彿在一種比喻性的夢境中看到這種音樂了。那種原始痛苦在音樂中的無形象又無概念的重現，連同它在假象中的解脫，立即產生出第二次反映，成為個別的比喻或範例。

藝術家已經在戴歐尼修斯的進程中放棄了自己的主觀性，現在向他顯示出他與世界心臟的統一性的形象，便是一個夢境，這個夢境使那種原始矛盾和原始痛苦，連同假象的原始快

3. 席勒致歌德的信，1796年3月18日。

樂，變得感性而生動了。所以，抒情詩人的「自我」是從存在
的深淵（der Abgrunde des Seins）中發出來的聲音，而現代美學
家所講的抒情詩人的「主觀性」，則是一種虛幻的想像。

當希臘第一個抒情詩人阿爾基洛科斯對呂坎伯斯的女兒們
表明自己瘋狂的愛戀，而同時又表明自己的蔑視時[4]，在我們面
前放縱而陶醉地跳舞的並不是他自己的激情。我們看到的是戴
歐尼修斯及其女祭司，我們看到的是酩酊的狂熱者阿爾基洛科
斯醉人的夢鄉──正如歐里庇得斯在《酒神的伴侶》中為我們
描寫的，日當正午，他睡在阿爾卑斯高山的牧場上──而阿波
羅正向他走來，用月桂枝觸摸著他。於是，這位中了戴歐尼修
斯音樂魔法的沉睡詩人，彷彿周身迸發出形象的火花，那就是
抒情詩，其最高的發展形態叫做悲劇與戲劇酒神頌歌。

雕塑家和與之相類的史詩詩人沉湎於形象的純粹觀照中。
戴歐尼修斯式的音樂家則無需任何形象，完全只是原始痛苦本
身及其原始的迴響。抒情詩的天才感覺到，從神秘的自棄狀態
和統一狀態中產生出一個形象和比喻的世界，這個世界有另一
種色彩、因果性和速度，完全不同於雕塑家和史詩詩人的那個
世界。雕塑家和史詩詩人生活在此類形象中，而且只是在此類

4. 相傳詩人阿爾基洛科斯
愛上了呂坎伯斯的女兒，但
呂坎伯斯不允許兩人結合，
詩人就作詩大加諷刺，致使
父女兩人羞憤自殺。

形象中才活得快樂愜意，才會孜孜不倦，充滿愛意地觀照此類形象，做到明察秋毫的地步；即便憤怒的阿卡琉斯形象對他們來說也不單單只是一個形象而已，對於這個形象的憤怒表達，他們是懷著那種對假象的夢幻般快感來欣賞的——結果，通過這種假象的鏡子，他們就免於與其人物融為一體了。

　　與之相反，抒情詩人的形象無非是他本人，而且可以說只是他自己的不同客觀化，因此作為那個世界的運動中心，他就可以訴說「自我」（ich）了，只不過，這種自我（Ichheit）與清醒的、經驗實在的人的自我不是同一種東西，而毋寧說是唯一的、真正存在著的、永恆的、依據於萬物之根基的自我，抒情詩的天才就是通過這種自我的映射，進而洞察到萬物的那個根基的。現在，就讓我們來設想一下，他如何在這些映射當中洞見出他自己並非天才——亦即現出他的「主體」，也就是由主觀的、針對某個確定的、在他看來實在的事物的激情和意志衝動所構成的大雜燴。依現在看來，彷彿抒情詩的天才和與之相聯繫的非天才是一體的，彷彿前者是自發地說出「自我」那個詞的，那麼，現在這個假象再也不能誘騙我們了，再也不能像從前引誘那些把抒情詩人稱為主觀詩人的人們那樣，讓我們迷惑了。

實際上，阿爾基洛科斯，這個激情勃發、既愛又恨的人，只不過是天才的一個幻想，他已經不再是阿爾基洛科斯，而是世界天才，他通過阿爾基洛科斯這個人的那些比喻，象徵性地道出自己的原始痛苦。而那個主觀地意願和欲求的人阿爾基洛科斯，基本上是絕不可能成為詩人的。然則抒情詩人根本不必只把面前的阿爾基洛科斯這個人的現象，看作是永恆存在的反映；而且悲劇證明，抒情詩人的幻想世界可能與那種無疑最為切近的現象有多遠。

叔本華並不隱瞞抒情詩人為哲學造成的困難，他相信自己已經找到了一條出路，這條出路是我不能與之同行的。而唯有叔本華在他那深刻的音樂形而上學中獲得了某種手段，得以決定性地克服上述困難。正如我相信，本著叔本華的精神，懷著對他的敬意，我自己在這裡已經做到了這一點。然而，叔本華卻對歌曲（Lied）的本質作了如下描述：

「意志的主體，即自己的意願，充斥著歌唱者的意識，往往作為一種已經得到釋放、滿足的意願（快樂），但也經常地可能是作為一種受抑制的意願（悲哀），總是作為情緒、激情、激動的心情。然而除此之外，與此相隨的，歌唱者看到周

邊的自然，意識到自己乃是純粹的、無意志的認識的主體，這種認識的堅定而歡樂的寧靜，現在卻總是與受到限制、總覺得貧乏的意願之緊迫，形成對照。真正說來，有關這種對照、這種交替的感覺，就是在整個歌曲中表達出來、基本上構成抒情狀態的東西。

在這種抒情狀態中，純粹的認識彷彿向我們走來了，為的就是把我們從極其緊迫的意志中解救出來：我們隨在其後，但只有短暫片刻。意願，對我們個人目標的回憶，總是重新剝奪了我們的寧靜觀照；但純粹的、無意志的（willenlose）認識，則向我們呈現出下一個美景，同樣一再引誘我們離開意願。因此，在歌曲和抒情情調中，意願（對於各種目的的個人興趣）與對呈現出來的周邊景物的純粹觀照，奇妙地相互混合在一起了：兩者之間的關係是我們要探索和想像的；主觀的情調、意志的衝動在反射中把自己的色彩傳染給被觀照的景物，而後者又反過來把自己的色彩傳染給前者。真正的歌曲就是這整個既混合又分離的心情狀態的印跡（Abdruck）。」（叔本華《作為意志和表象的世界》）

看了上述的描述，還有誰會弄錯，抒情詩在此被刻劃成一

種未臻完備、似乎難得地突然間會達到目標的藝術，甚至就是一種半調子的藝術，其本質在於意願與純粹之間的觀照，亦即非審美狀態與審美狀態奇妙地相互混合在一起了。我們倒是可以認為，叔本華依然把一種對立當作是一種價值尺度，以此來劃分藝術，那就是主觀與客觀的對立。而這整個對立實際上根本就不適合於美學，因為主體，也即有意願的、要求其自私目的的個體，只能被看作是藝術的敵人，而不能被看作為藝術的本源。

但只要主體是藝術家，那麼主體就已經擺脫了自己的個體性意志，彷彿已經成為一種媒介，通過這個媒介，這個真正存在著的主體便得以慶賀它在假象中的解脫。因為，作為對我們的貶抑與提升的原因，這一點是我們必須首先要弄清楚的，即：整部藝術喜劇根本不是為了我們、為了我們的提升和教化而上演的，我們同樣也不是那個藝術世界的真正創造者。

但關於我們自己，我們也許可以假設，對那個藝術世界的真正創造者而言，我們已然是形象和藝術的投影，在藝術作品的意義方面具有我們至高的尊嚴——因為唯有作為審美現象，當下與世界才是永遠合理的——毫無疑問地，我們對於這種意

義的意識，與畫布上的武士對畫面上所描繪的戰役的意識，幾乎沒有區別。所以，整個藝術知識基本上就是一種完全虛幻的知識，那是因為作為知識者，我們與那個人物——作為那部藝術喜劇的唯一創造者和觀眾，為自己所提供的一種永恆的享受——並不是一體和同一的。

唯有當天才在藝術生產的行為中與世界的原始藝術家融為一體時，他才能稍稍明白藝術的永恆本質；因為在這種狀態中，他才能奇妙地以類似於童話中那個能夠轉動眼睛觀看自己的可怕形象；此時的他既是主體又是客體，既是詩人、演員又是觀眾（若沒有一種對這個藝術家原始現象的揣度和洞察，則「美學家」就只是一個不尋常的空談家而已）。

6
民 歌 與 抒 情 詩

關於阿爾基洛科斯，學術研究已經發現是他把民歌引入文學當中的，而且由於這項功績，在希臘人的評價中，他獲得了與荷馬同樣的殊榮。但與阿波羅式的史詩相對立的民歌究竟是什麼呢？無非是阿波羅與戴歐尼修斯兩者的一種結合過程的永久痕跡（Perpetuum vestigium）；民歌的驚人流傳，遍及所有的民族，總是不斷滋生更新，對我們來說這是一個證據，表明那自然的雙重藝術衝動是多麼強大。這雙重衝動在民歌中留下了痕跡，類似於某個民族的縱情狂歡活動，永遠保留在其音樂當中了。的確，歷史上也必定能找到證據，證明每一個民歌豐產的時期如何強烈地受到戴歐尼修斯洪流的激發，而這種洪流，我們必須始終把它視為是民歌的基礎和前提。

不過，我們首先得把民歌看作是音樂的世界鏡子，看作現在要為自己尋找一種對應的夢境，並且把這個夢境在詩歌中表達出來的原始旋律。所以，旋律是第一位和普遍性的東西，它因而也能在多種文本中承受多種客觀化。

在民眾的質樸評價中，旋律也是最為重要、最為必要的東西。旋律使詩歌誕生，而且總是一再重生；這一點正是民歌的詩節形式所要告訴我們的：在最後找到這種解釋之前，我對此現象的觀察總是不免驚訝。誰若根據這個理論來審視一部民歌集，例如《男童的神奇號角》[1]，他就會找到無數的例子，來說明這持續誕生的旋律是怎樣迸發出形象的火花：這形象的火花絢麗多彩、突兀變化、紛至沓來，顯露出一種與史詩假象及其靜靜流動，完全格格不入的力量。從史詩的角度來看，抒情詩的這個不均衡和不規則的形象世界，簡直是要被大聲譴責的：這無疑就是特爾潘德[2]時代阿波羅慶典上那些莊重的流浪史詩歌手幹的好事。

於是，在民歌創作中，我們看到語言高度緊張，全力去模仿音樂，因此從阿爾基洛科斯開始，就有了一個骨子裡與荷馬世界相悖的全新詩歌世界。由此我們描繪了詩歌與音樂、詞語與聲音之間唯一可能的關係：詞語、形象、概念尋求一種類似於音樂的表達，現在正遭受到音樂本身的強力。

在此意義上，按照語言模仿現象世界和形象世界模仿音樂世界，我們可以區分出希臘民族語言史上的兩大主流：一種非

1. 《男童的神奇號角》：由德國浪漫派作家阿爾尼姆和布倫塔諾編輯的德國民歌集，第一集出版於1805年，第二、三集出版於1808年。

2. 特爾潘德（Terpander，約西元前7世紀）：古希臘詩人、音樂家，相傳是希臘七弦琴的發明者。

音樂的與一種音樂的浪潮。人們只要深入想一想荷馬與品達在語言色彩、句法構造和詞彙方面的差異，就能把握這種對立的意義了；的確，人們不難弄清楚，在荷馬與品達之間，必定奏響過縱情狂歡的奧林帕斯笛聲，直到亞里斯多德時代，一個音樂已經極其發達的時代，這笛聲依然令人陶醉、令人激動，而且確實以其原始的作用，激發同時代人的一切詩歌表現手段去模仿它。

在這裡我願提醒讀者注意，在我們這個時代一個熟知的、似乎為我們的美學一昧反感的現象。我們一再體驗到，貝多芬的一首交響曲如何迫使個別的聽眾形成一種形象的說法，儘管一首樂曲所產生的不同形象世界的組合看起來繽紛多彩，甚至於是矛盾的：靠此種組合來練習可憐的才智，卻忽視了真正值得解釋的現象，這委實是我們的美學本色。

的確，即使這位音律詩人自己用形象來談論一首樂曲，比如把一首交響曲稱為《田園交響曲》，把其中一個樂章稱為《溪邊景色》，把另一個樂章稱為《鄉民的歡聚》[3]，這些名稱也同樣只是比喻性的、從音樂中產生的觀念——而且絕非是音樂模仿的物件——關於音樂的戴歐尼修斯的內容，這些觀念在

3. 貝多芬的著名作品，又稱《F大調第六交響曲》。

任何方面都無法給我們什麼教義，甚至沒有堪與其他形象比肩的獨特價值。現在我們必須將這個音樂發洩到形象中的過程，轉嫁到一個朝氣蓬勃、具有語言創造力的人群身上，方能揣度分成詩節的民歌是如何形成的，以及整個語言能力如何通過全新的音樂模仿原理而受到激發。

所以，如果我們可以把抒情詩看作音樂通過形象和概念而閃發出來的模仿性光輝，那麼，我們現在就可以問：「音樂在形象和概念的鏡子裡是作為什麼意義而顯現出來的？」音樂顯現為意志（叔本華所講的意志），亦即顯現為審美的、純粹觀照的、無意志的情調的對立面。

在這裡，我們要盡可能鮮明地區分本質概念與現象概念：因為按其本質來看，音樂不可能是意志，原因在於，倘若音樂是意志，則它就會完全被逐出藝術領域——因為意志本身是非審美的東西——但音樂卻顯現為意志。因為，為了把音樂現象形象化，抒情詩人就需要一切激情的勃發和協調，從愛慕的細語到癲狂的怒吼；受制於那種要用阿波羅式的比喻來談論音樂的衝動，他把整個自然以及置身於自然中的自身，僅只理解成永遠的意願者、欲求者與渴望者。

　　不過，只要他用形象來解說音樂，他自己就穩坐在阿波羅式靜觀的寧靜大海上，即使他通過音樂的媒介直觀到的一切都在他周圍處於緊迫而喧鬧的運動中。的確，當他通過這同一個媒介洞察到自身時，顯現在他面前的，是處於感情未得滿足的狀態中的，他自己的形象：他自己的意願、渴望、呻吟和歡呼，對他來說，這都是他用來解說音樂的一種比喻。

　　這就是抒情詩人現象：作為阿波羅式的天才，他通過意志的形象來闡釋音樂，而他自己則完全擺脫了意志的貪欲，成為純粹清澈的太陽之眼。

　　我們上面的整個探討都堅持了一點：抒情詩依賴於音樂精神，恰如音樂本身在其完全無限制的狀態中並不需要形象和概念，而只是容忍它們與自己並存。抒情詩人的詩作所能表達出的，不外乎是這樣的東西，它並沒有——以最高的普遍性和有效性——包含在那種迫使他用形象說話的音樂中。正因為如此，音樂的世界象徵絕不是靠語言就能完全對付得了的，因為它象徵性地關涉到太乙心臟中的原始矛盾和原始痛苦，因此象徵著一個超越所有現象、並且先於所有現象的領域。與之相比，一切現象毋寧說都只是比喻。所以，作為現象的器官和象

徵，語言絕不能展示出音樂最幽深的核心，倒不如說，只要語言參與對音樂的模仿，那它就始終僅僅處於一種與音樂的表面接觸中，而音樂最深邃的意義，則是所有抒情詩的雄辯和辭令都不能讓我們更深刻體會的，哪怕只是稍稍接近一步。

7
悲劇合唱歌隊

　　現在，為了在被我們稱為希臘悲劇起源的迷宮裡找到出
路，我們必須借助於前面探討過的全部藝術原理。如果我說，
這個起源問題直到現在都還沒有嚴肅地被提出來過，更遑論得
到解決了，我想這並非是個無稽之談。雖然古代傳說的襤褸衣
裳是多麼經常地被人們縫了又拆、拆了又縫。這個古代傳說十
分確鑿地告訴我們，悲劇是從悲劇合唱歌隊中誕生的，原本只
是合唱歌隊，且無非是合唱歌隊而已。

　　所以，我們就有責任把這種悲劇合唱歌隊當作真正的原始
戲劇來加以深入探索，而不能不管三七二十一地滿足於各種流
俗的有關藝術的陳詞濫調——諸如說悲劇合唱歌隊是理想的觀
眾，或者說，悲劇合唱歌隊是代表與劇中貴族勢力相對抗的民
眾。後一種解釋在某些政治家聽起來相當崇高，彷彿民主的雅
典人那始終不渝的道德法則，在民眾合唱歌隊中得到完整的體
現，而這歌隊則超越君王們的狂熱規範和無度放縱，總是有著
特殊的權利。

這種解釋方式儘管還很可能是由亞里斯多德的一句話所引發的，但它對於悲劇的原始構成卻毫無影響，因為民眾與貴族的對立，簡而言之就是任何政治和社會領域的課題，都與那些純粹宗教的起源無關。不過，著眼於我們所熟悉的埃斯庫羅斯和索福克勒斯那裡的合唱歌隊的古典形式，我們也可以認為，要在這裡談論關於「立憲人民代表制」的預感，那就是一種瀆神之舉了——卻是一種別人不曾害怕過的瀆神之舉。古代的國家政治在實踐上，是不知道這種立憲人民代表制度的，而且，但願他們也不曾在他們的悲劇中對此有過「預感」。

比上述關於合唱歌隊的政治解釋還要著名得多的，則是施萊格爾（A.W. Schlegel，1767—1845，德國文藝理論家）的想法。此人建議我們在一定程度上把合唱歌隊視為觀眾的典範和精華，視為「理想的觀眾」。

這種觀點，與那種說悲劇原本只是合唱歌隊的歷史傳說相對照，就露出了自己的馬腳，表明自身是一種粗糙的、不科學的，但卻光彩奪目的主張。而這種主張之所以光彩奪目，只是由於它那濃縮的表達形式，只是由於對一切所謂「理想」的日爾曼式的偏見，以及我們一時的驚愕。

　　實際上，一旦我們把原本十分熟悉的劇場觀眾與希臘的
合唱歌隊做比較，並且問一問自己，是否可能把劇場觀眾理想
化，從中提取出某種類似於悲劇合唱歌隊的東西，這時候，我
們便會大為驚愕。我們默然否定這一點，我們現在對施萊格爾
的大膽主張深表驚異，恰如我們驚異於希臘觀眾那完全不同的
本性。因為我們始終以為，真正的觀眾，無論他是誰，必定會
意識到自己面對的是一件藝術作品，而不是一個真實的經驗。

　　而希臘人的悲劇合唱歌隊卻不得不在舞臺形象中認出真實
存在的人。扮演海神之女的合唱歌隊真的相信自己看到的是泰
坦巨神普羅米修斯，並且認為自己是與劇中的神祇一樣真實存
在。莫非最高級和最純粹的觀眾類型，就得像海神之女一樣把
普羅米修斯看作真實現成的和實在的嗎？莫非理想觀眾的標誌
就是跑到舞臺上面，把神從折磨中解放出來嗎？我們曾經相信
一種審美的觀眾，曾經認為一個觀眾越是能夠把藝術作品當作
藝術，也就是說，越是能夠審美地看待藝術作品，他就越是一
個有合格才能的觀眾。

　　但現在，施萊格爾的表述卻暗示我們：完善的、理想的觀
眾根本不是讓戲劇世界的審美對他們發揮作用，而是要讓它以

真實經驗的方式對他們發揮作用。這些希臘人啊！我們不免要唏噓，他們竟然推翻了我們的美學概念！但既已習慣於此，每每談到合唱歌隊時，我們總不免要重複施萊格爾的箴言。

然而，那個十分明確的傳說在此卻反駁了施萊格爾：沒有舞臺的合唱歌隊本身，也即悲劇的原初形態，是不能與那種理想觀眾的合唱歌隊相互調和的。一個從觀眾概念中提取出來的、或許要以「觀眾本身」為其真正形式的藝術種類，那會是什麼呢？所謂沒有戲劇的觀眾，這是一個荒謬的概念。我們擔心，悲劇的誕生既不能根據對民眾道德理智的高度重視來說明，也不能根據與戲劇無關的觀眾概念來說明；我們認為這個問題太過深刻了，如此膚淺的探討方式是連它的皮毛都無法碰觸的。

早在《墨西拿的新娘》序言：《論悲劇中合唱歌隊的使用》中，席勒就透露了一種極為可貴的關於合唱歌隊之意義的見解。他把合唱歌隊視為悲劇在自身四周建造起來的一道活的圍牆，旨在與現實世界完全隔絕開來，以保存其理想根基和詩性的自由。

　　席勒以他這個主要武器與庸俗的自然概念作爭鬥，與通常強求於戲劇詩歌的幻想作爭鬥。以席勒之見，即便戲劇裡的日子本身只是人為的，舞臺佈景只是象徵性的，韻律語言帶有理想的性質，但總還流行著一種整體謬見，即：人們把構成一切詩歌本質的東西，只當作是一種詩性自由來加以容忍，但那是不夠的。採用合唱歌隊乃是一個決定性的步驟，人們得以光明磊落地向藝術中的一切自然主義宣戰。

　　在我看來，我們這個自命不凡的時代用「偽理想主義」這樣一個輕蔑的標語來表示的，正是這種探索方式。我擔心的是，以我們現在對於自然和現實的尊重，我們反而達到了一切理想主義的對立面，亦即達到蠟像館領域了。如同在某些受人熱愛的當代小說中那樣，在蠟像館裡也有一種藝術：只是別折磨我們，別要求我們相信這種藝術已經戰勝了席勒和歌德的「偽理想主義」。

　　誠然，按照席勒的正確觀點，古希臘的薩蒂爾合唱歌隊（亦即原初悲劇的合唱歌隊）常常漫遊基地之上，正是一個「理想的」基地，一個超拔於凡人之現實變化軌道的基地。希臘人為這種合唱歌隊建造了一座虛構的自然狀態的空中樓閣，

並且把虛構的自然生靈（Naturwesen）置於其上。悲劇是在這個基礎上生長茁壯起來的，因此，無疑從一開始就已經消除了一種對於現實的仔細摹寫。但它卻不是一個任意地在天地之間想像出來的世界。

　　然而毋寧說，它是一個具有同樣實在性和可信性的世界，如同奧林帕斯及諸神對於虔信的希臘人而言所具有的那種實在性和可信性。作為戴歐尼修斯的合唱歌者，薩蒂爾生活在一種「在宗教上得到承認」的現實之中，那是一種受神話和祭禮認可的現實。

　　悲劇始於薩蒂爾，戴歐尼修斯的悲劇智慧由薩蒂爾之口道出，這是一個在此令我們十分詫異的現象，恰如悲劇產生於合唱歌隊讓我們奇怪一樣。也許，當我斷言，主張虛構的自然生靈薩蒂爾與文化人的關係，就如同戴歐尼修斯音樂之於文明一樣時，這時候，我們就贏得了探索工作的起點。理查‧華格納曾說過：「文明被音樂所消除，正如同燭光為日光所消除。」同樣地，我相信，古希臘的文化人面對薩蒂爾合唱歌隊會感到自己被消融了。而且此即戴歐尼修斯悲劇的下一個效應，即國家和社會，一般而言就是人與人之間的種種鴻溝隔閡，都讓位

給了一種極強大的、回歸自然心臟的統一感了。

正如我已經指出的那樣，所有真正的悲劇都以一種形而上學的慰藉來釋放我們，亦即：儘管現象千變萬化，但在事物的根基處，生命卻是牢不可破、強大而快樂的。這種慰藉具體而清晰地顯現為薩蒂爾合唱歌隊，顯現為自然生靈的合唱歌隊；這些自然生靈彷彿無可根除地生活在所有文明的隱秘深處，儘管世代變遷、民族更替，他們卻永遠如一。

深沉的希臘人，唯一能夠承受至柔至重之痛苦的希臘人，就以這種合唱歌隊來安慰自己。希臘人能果敢地直視所謂世界歷史的恐怖浩劫，同樣敢於直觀自然的殘暴，並且陷於一種渴望以佛教方式否定意志的危險之中。**是藝術挽救了希臘人，而且通過藝術，生命為了自己而挽救了希臘人。**

戴歐尼修斯狀態的陶醉，以其對當下生命的慣常圍限和邊界的消滅，在其延續過程中包含著一種嗜睡忘卻的因素，一切過去親身體驗的東西都在其中淹沒了。於是，這樣一條「忘川」就把日常的現實世界，與戴歐尼修斯的現實世界相互分割開來了。然而一旦那日常的現實性又重新進入意識之中，人們

便帶著厭惡來感受它。一種禁欲的、否定意志的情緒就是對那些狀態的畏懼。

在此意義上，戴歐尼修斯式的人就與哈姆雷特有著相似之處：兩者都一度真正地洞察過事物的本質，兩者都認知了，也都厭惡去行動；因為兩者的行動都絲毫不能改變事物的永恆本質，他們感覺到，指望他們重新把這個四分五裂的世界建立起來，是可笑或者可恥的。認識扼殺行動，行動需要幻想帶來的蒙蔽——此乃哈姆雷特的教導，不是夢想家漢斯[1]的廉價智慧，後者由於過多的反思，彷彿出於一種思慮過度而無法行動。但這並不是反思，不是！是真實的認知，是對可怕的真理的洞見，壓倒了任何促使行動的動機，無論在哈姆雷特那裡還是在戴歐尼修斯式的人類那裡，都是如此。

現在，任何慰藉都無濟於事了，渴望超越一個死後的世界，超越了諸神本身，此在生命，連同它在諸神身上或者在一個不朽彼岸中的熠熠生輝的反映，通通被否定掉了；現在，有了對一度看到過的真理的意識，人就往往只看見存在的恐怖或荒謬；現在，人就明白了奧菲利亞[2]的命運的象徵意義；現在，人就能知道森林之神西勒尼的智慧了——這使人心生厭惡。

1. 華格納《紐倫堡的名歌手》中的人物漢斯·薩克斯（Hans Sachs）。

2. 奧菲利亞（Ophelia）：莎士比亞《哈姆雷特》一劇中哈姆雷特王子的戀人，其父為王子所誤殺。

　　在這裡，在這種意志的高度危險中，藝術作為具有拯救和醫療作用的魔法師降臨了。唯有藝術才能把那種對恐怖或荒謬的當下生命的厭惡思想，轉化為人們賴以生活下去的概念：那就是崇高和滑稽。崇高乃是以藝術抑制恐怖，滑稽乃是以藝術發洩對荒謬的厭惡。酒神頌歌的薩蒂爾合唱歌隊，就是希臘藝術的拯救行為。在這些戴歐尼修斯伴隨者的中間世界裡，前面描述過的狀態得到了充分發揮。唯有作為戴歐尼修斯的僕人，看到了西勒尼之毀滅性智慧的人，才能承受自己的真實存在。

薩蒂爾

　　薩蒂爾有如我們現在的田園牧歌中的牧人，兩者都是對原始和自然渴望的產物；但希臘人以何種堅定和果敢的手去擁抱他們的森林之人，而現代人則是多麼羞怯而柔弱地去戲弄一個情意綿綿的、弱不禁風的吹笛牧人的媚態形象啊！尚未經認識加工的、尚未開啟文化之門的自然——這是希臘人在薩蒂爾身上見到的，因此在希臘人看來，薩蒂爾還不能與猿猴混為一談。相反地，薩蒂爾乃是人類的原型，是人類最高最強的感情衝動的表達，作為因神之臨近而欣喜若狂的狂熱者，作為充滿同情地重演神之苦難的夥伴，作為來自自然最深源泉的智慧先知，作為自然之萬能的象徵，希臘人習慣於以敬畏和驚訝之情看待它。

　　薩蒂爾乃是某種崇高和神性的東西，特別是以戴歐尼修斯式人類的黯然神傷的眼睛來看，薩蒂爾就必定如此。喬裝的、捏造的牧羊人會對薩蒂爾構成侮辱：他的眼睛以崇高的滿足感留戀於毫無遮掩和毫不枯萎的自然壯麗中。在這裡，文明的幻

景被人類的原型一掃而光，在這裡，真實的人類，向自己的神
靈歡呼的長鬍子薩蒂爾，露出了真相。在他面前，文明人萎縮
成了一幅騙人的諷刺畫。

　　即便對於悲劇藝術的此種開端，席勒也是對的：合唱歌隊
乃是一面抵禦現實衝擊的牆，因為它──薩蒂爾合唱歌隊──
比通常自以為是的文明人更加真實、更加現實、更完整地反映
出當下的生命。詩歌領域並非在世界之外，作為詩人腦子裡的
一個想像的空中樓閣，恰恰相反，它想成為對真理的不加修飾
的表達，正因如此，它必須摒棄文明人那種所謂的現實性的騙
人偽裝。這種本真的自然真理與把自己偽裝成唯一存在的文明
謊言之間的對立，類似於事物的永恆核心（即物自體）與整個
現象界之間的對立。而且正如悲劇以其形而上學的慰藉，指示
著在現象不斷毀滅之際那個核心（Daseinskern）的永生。同樣
地，薩蒂爾合唱歌隊的象徵已然用一個比喻道出了物自體與現
象之間的原始關係。現代人中那種田園式牧人只是被他們當作
自然教化幻景的一幅肖像而已。而戴歐尼修斯的希臘人則想要
具有至高力量的真理和自然──他們看到自己已經魔化為薩蒂
爾了。

　　本著此類情緒和認知，戴歐尼修斯信徒的狂熱隊伍歡呼雀
躍：他們的力量使他們自身在自己眼前發生轉變，以至於他們
誤以為看到自己成了再造的自然精靈，成了薩蒂爾。後來的悲
劇合唱歌隊的結構就是對這種自然現象的藝術模仿；誠然，在
這種模仿當中，有必要區分一下戴歐尼修斯的觀眾與戴歐尼修
斯的著魔者。只不過，我們必須時時記住，阿提卡悲劇的觀眾
在樂隊的合唱歌隊中重新找到了自己，基本上並不存在觀眾與
合唱歌隊之間的對立。因為一切都只是一個偉大而崇高的合唱
歌隊，由載歌載舞的薩蒂爾，或者那些由薩蒂爾來代表的人們
所組成的合唱歌隊。

　　在這裡，施萊格爾的話必定在一種更深的意義上啟發我
們。只要合唱歌隊是唯一的觀眾，是舞臺幻景世界的觀眾，那
麼它就是「理想的觀眾」。正如我們所知道的，由旁觀者組成
的觀眾，是希臘人所不知道的。在希臘人的劇場裡，大家一起
坐在露天劇場繞著弧形層層升高的梯形觀眾席上，都有可能對
自己周圍的文明世界視而不見，全神貫注而誤以為自己也是合
唱歌隊中的一員。按這個看法，我們就可以把原始悲劇最初階
段的合唱歌隊稱為戴歐尼修斯式人類的一種自我反映。這個現
象用演員的歷程就能清晰地說明：演員若真有才華，就能看到

他扮演的角色栩栩如生地浮現在自己的眼前。薩蒂爾合唱歌隊
首先是戴歐尼修斯式群眾的一個幻景，正如舞臺世界乃是這種
薩蒂爾合唱歌隊的幻景一樣。這種幻景的力量十分強大，足以
使人的目光對「實在」之印象麻木不仁，對周圍一排排座位上
的有識之士毫無感覺。

希臘劇場的形式讓人想起一個孤獨的山谷：舞臺的建築顯
得像一朵閃亮的雲彩，在群山上四處遊蕩的酒神從高處俯瞰這
朵雲彩，宛若一個壯麗的框子，戴歐尼修斯形象就在其中心向
他們無限的彰顯。

我們這裡為說明悲劇合唱歌隊而表達出來的這種藝術原始
現象，按照我們對基本藝術過程的學究式考察來看，幾乎是有
失體統的。而最確定無疑的是，詩人之所以成為詩人，只是因
為他看到自己為形象所圍繞，這些形象在他面前存活和行動，
而且他能洞見其最內在的本質。由於現代人們思維上的一個特
有弱點，我們往往把審美的原始現象設想得太過複雜和抽象。

對於真正的詩人來說，比喻並不是一個修辭手段，而是一
個代表性的圖像，它取代某些概念，真正地浮現在他面前。對

他來說，角色並不是某種由搜集來的個別特徵所組成的整體，
而是一個在他眼前糾纏不休的活人，後者與畫家的同類幻景的
區別，只在於持續不斷的生活和行動。何以荷馬的描繪比所有
詩人都要直觀生動得多？因為荷馬直觀到的要多得多。我們
如此抽象地談論詩歌，因為我們通常都是爛詩人。根本上，審
美現像是簡單的，只要有人有能力持續地看到一種活生生的遊
戲，不斷地為精靈所簇擁，那他就是詩人；只要有人感受到要
改變自己、以別人的身心來說話的衝動，那他就是戲劇家。

　　戴歐尼修斯的興奮和激動能夠向全部群眾傳佈這種藝術
才能，讓人們看到自己為這樣一些精靈所簇擁，知道自己內心
與它們合為一體。悲劇合唱歌隊的這個過程乃是戲劇的原始現
象：看到自己在自己面前轉變，現在就行動起來，彷彿真的進
入另一個身體、進入另一個角色之中。這個過程處於戲劇發展
的開端。這裡有某種不同於遊吟詩人的東西，遊吟詩人並沒有
與其形象相融合，而是更類似於畫家，用靜觀的眼睛從外部來
觀看。這是一種對個體的放棄，即個體通過投射於某個異己的
本性而放棄了自己。而且這種現象是以傳染性的方式出現的：
整群人都感到自己以此方式著了魔。

　　因此，酒神頌歌本質上不同於其他所有的合唱曲。少女們手持月桂枝，莊嚴地走向阿波羅神殿，同時唱著一首進行曲，她們依然是她們自己，並且保持著自己的市民姓名；而酒神頌歌的合唱歌隊卻是一支由轉變者組成的合唱歌隊，他們完全忘掉了自己的市民身世和社會地位，他們變成了無時間的、生活在一切社會領域之外的神的僕人。希臘人的所有合唱抒情詩只不過是對阿波羅獨唱歌手的一種巨大的提升；而在酒神頌歌中，卻有一個不自覺的演員群體站在我們面前，他們彼此看到了各自的變化。所以，抒情詩人現象分為兩個種類：看到面前形象的抒情詩人與把自身看作形象的抒情詩人，亦即阿波羅式的與戴歐尼修斯式的抒情詩人。

　　施魔（又稱魔化）乃是一切戲劇藝術的前提條件。在這種施魔當中，戴歐尼修斯的狂熱者把自己看成薩蒂爾，而且又作為薩蒂爾來觀看神，也就是說，他在自己的轉變中看到自身外的另一個新幻景，此即他自己那種狀態的阿波羅式的完成。有了這個新幻景，戲劇就完整了。

　　根據上述的認識，我們就必須把希臘悲劇理解為，總是一再地在阿波羅形象世界裡爆發出來的戴歐尼修斯合唱歌隊。所

以，那些把悲劇編織起來的合唱部分，在一定程度上就是整個所謂對話的胚胎，即全部的舞臺世界、真正的戲劇的胚胎。在多次相繼的爆發過程中，悲劇的這個原始根基放射出那個戲劇的幻景：它完全是夢的顯現，從而具有史詩的本性。但另一方面，作為一種戴歐尼修斯狀態的客觀化，它並不是在假象中的阿波羅式的解救，相反地，它是個體的破碎，是個體與原始存在（Ursein）的融合。因此，戲劇乃是戴歐尼修斯式的認知和具效果化的阿波羅式的具體體現，由此便與史詩相分隔，猶如隔著一條巨大的鴻溝。

以我們上述這種觀點，希臘悲劇的合唱歌隊，全部有著戴歐尼修斯式興奮的群眾的象徵，這樣就能獲得完整的解釋。從前，我們習慣於合唱歌隊在現代舞臺上的地位，根本不能理解希臘人那種悲劇合唱歌隊何以比真正的「動作」更古老、更原始，甚至更重要——這一點卻是十分清晰地被流傳下來了——再者，我們又不能贊同那種流傳下來的高度重要性和原始性，既然悲劇合唱歌隊實際上只是由卑微的僕人所組成，甚至只是由山羊般的薩蒂爾所組成，那麼對我們來說，舞臺前的樂隊始終是一個謎。

　　而現在，我們已經達到了如下洞見：基本上，舞臺連同動作僅僅被當作幻景（Vision），唯一的「實在」正是合唱歌隊，後者從自身中產生出幻景，並且以舞蹈、音樂和語言的全部象徵手段來談論這個幻景。這個合唱歌隊在其幻景中看到自己的主人和大師戴歐尼修斯。因此，永遠是臣服狀態的合唱歌隊：它看見這位神靈如何受苦受難，如何頌揚自己，而自己並不行動。雖然合唱歌隊處於這樣一種對神靈的臣服地位，但它卻是自然的最高表達，即戴歐尼修斯式的表達，因而就像自然一樣在激情中言說神諭和智慧——它作為共同受苦者，同時也是智慧者，從世界心臟出發來宣告真理的智者。於是就形成了那個幻想的、顯得如此有失體統的智慧而熱情的薩蒂爾形象，後者同時又是與神相對立的「蠢人」：自然及其最強烈的衝動的映射，甚至是自然的象徵，又是自然之智慧和藝術的宣告者，集音樂家、詩人、舞蹈家和通靈者於一身，既作為人又作為神靈的阿爾基洛科斯。

　　依照這種認知，也依照傳統的看法，戴歐尼修斯這個真正的舞臺主角和幻景中心，起初在悲劇的最早時期並不是真正存在的，只是被設想為現存的，也就是說，原始的悲劇只是「合唱歌隊」，而不是「戲劇」。到後來，人們才嘗試著把這位

神當作為實在的神靈顯示出來，並且把幻象及其具有美化作用的氛圍表現出來，使之被大家看見，因此開始了狹義的「戲劇」。現在，酒神頌歌的合唱歌隊便獲得了一項任務，就是要以戴歐尼修斯的方式激發觀眾的情緒，使之達到陶醉的程度，以至於當悲劇英雄在舞臺上出現時，觀眾們看到的絕對不是一個戴著奇形怪狀面具的人，而是一個彷彿從他們自己陶醉中產生的幻象。

讓我們來想想阿德墨托斯，他深深地思念著他剛剛去世的妻子阿爾刻斯提斯，整個就在對亡妻的精神觀照中折磨自己[1]——突然間，一個身材和步態都相像的蒙面女子被帶到他面前。讓我們來想想他那突然間的戰慄與不安，他飛快的打量比較，因他那本能的確信，於是我們就有了一種類似的感覺，類似於有著戴歐尼修斯式興奮的觀眾，看見神靈走上舞臺時的感覺，而觀眾這時已經與神靈的苦難合而為一了。觀眾不由自主地把整個在自己心靈面前神奇地戰慄的神靈形象轉移到那個戴面具的角色上，彷彿把後者的實在性消解在一種幽靈般的非現實當中了。此即阿波羅的夢境，在其中，白晝的世界蒙上了面紗，一個新世界，比白晝世界更清晰、更明瞭、更感人，但又更像陰影的新世界，在持續的交替變化中，全新地在我們眼前

1. 據希臘神話，費拉王阿德墨托斯（Admet）壽命不長，其妻阿爾刻斯提斯（Alcestis）願意代他去死以延夫君壽命。後來赫拉克勒斯在地獄門口奪回了阿爾刻斯提斯，送還給阿德墨托斯。歐裡庇德斯曾把這個神話寫成戲劇。

誕生了。

　　據此，我們就在悲劇中看到了一種根本的風格對立：一方面在戴歐尼修斯的合唱歌隊抒情詩中，另一方面是在阿波羅的舞臺夢境中，語言、色彩、話語的靈活和力度，作為兩個相互間完全分離的表達領域而展現了出來。戴歐尼修斯在阿波羅現象中客觀化了；而阿波羅現象再也不像合唱歌隊的音樂那樣，是「一片永恆的大海，一種變幻的編織，一種灼熱的生命」，再也不是那種僅僅被感受、而沒有被濃縮為形象的力量，那種能夠使熱情洋溢的戴歐尼修斯的奴僕覺察到神靈臨近的力量。現在，從舞臺角度來說，對他說話的是史詩形象塑造的清晰和確定，現在，戴歐尼修斯不再通過力量說話，而是作為史詩英雄，差不多以荷馬的語言來說話了。

希臘的明朗

在希臘悲劇的阿波羅部分、在對話中浮現出來的一切，看起來是簡單、透明、美麗的。在此意義上，其對話是希臘人的映射——希臘人的本性是在舞蹈中彰顯出來的，因為在舞蹈中最大的力量是潛藏著的，但在靈活而多姿的動作中得以展露。所以，索福克勒斯的英雄語言以阿波羅式的確定和明靜的特性，讓我們大為驚喜，以至於我們立刻就以為洞見了他們的本質中最內在的根基，帶著幾分驚訝，驚訝於通向這個根基的道路是如此之短。

然而，如果我們先撇開那浮現出來、變得清晰可見的英雄性格——基本上，後者無非是投在一堵暗牆上的影像，完完全全只是一種現象——深入到投射在這些明亮鏡像上的神話，那麼，我們就會突然體驗到一種與熟悉的視覺現象相反的現象。當我們竭力注視太陽時感到刺眼而轉過頭去，我們眼前就會出現暗色的斑點，彷彿是用來治眼睛的藥物；相反地，索福克勒斯的英雄那種明亮的影像顯現了。簡言之，面具中的阿波羅因

素卻成為一種洞察自然的核心和恐怖的必然產物，彷彿是用來治療被恐怖黑夜損害的視力的閃亮斑點。

唯有在這個意義上，我們才能相信自己正確地把握了「希臘的明朗」這個嚴肅而重要的概念；毫無疑問，在當今的所有地方，我們都能在安全而愜意的狀態中，見到關於這種被誤解了的明朗概念。

希臘舞臺上最悲慘的形象——不幸的俄狄浦斯——被索福克勒斯理解為高貴的人，他縱然智慧過人卻注定要犯錯受苦，不過到最後，由於他承受的巨大痛苦，因而對周遭施展了一種神秘的、大有裨益的力量，這種力量甚至在他亡故之後依然發揮著作用。高貴的人不會犯罪，這位深沉的詩人想告訴我們：通過他的行為、法律、自然秩序，甚至是道德世界，都可能歸於毀滅，而恰是通過這種行為，一個更高的神秘作用範圍誕生了，就是那些在被推翻了的舊世界廢墟上建立起的一個新世界的作用。這就是這位詩人想告訴我們的東西，只要他同時是一位哲學家——作為詩人，他首先向我們展示了一個神奇糾結的訟案之結，法官慢慢地一節又一節地解開了這個結，也導致了他自己的毀滅。對於這種辯證的解決，真正希臘式的快樂是如

此強大，以至於有一種優越的明朗之氣貫穿了整部作品，打碎了那個訟案可怕前提的鋒芒。

在《俄狄浦斯在柯羅諾斯》中，我們發現同一種明朗，但它被提升到一種被無限的美化之中。這位老人遭受了極度苦難，他純粹作為受苦者經受他所遭受的一切，而與之相對的是一種超凡的明朗，它從神界降落下來，暗示我們：這個悲劇英雄以其純粹而被動的行為，達到了至高的、遠遠超越其生命的主動性，而他早期生命中有意識的努力和追求，卻把他帶向了被動性。於是，那個在凡人眼裡糾纏不清的俄狄浦斯故事的訟案之結就被慢慢解開了。在辯證法的這種神性的對立面那裡，人類最深刻的快樂向我們襲來。如果我們這種解釋正確地對待了詩人，那麼，我們就可以再來追問一下，由此是不是已經窮盡了神話內容——在這裡顯而易見的是，詩人的整個見解無非就是那個幻象，那是在我們瞥見深淵之後，具有療癒的力量自然出現在我們面前的幻象。

俄狄浦斯是殺害自己父親的兇手，是他母親的丈夫，俄狄浦斯又是斯芬克司之謎的破解者！這樣一種命運的神秘三重性，向我們說明了什麼呢？有一個古老的、特別在波斯流傳的

民間信仰說，智慧的巫師只能產自亂倫。對照於解謎和娶母的俄狄浦斯，我們可以立刻對此作出如下的闡釋：只要有某些預言性的神奇力量打破了當前和將來的界限、僵固的個體化原則，基本上也就是打破了自然的真正魔力，這時，就必定有一種巨大的反自然現象——例如前面講的亂倫——作為原因而提前發生了；因為，要不是通過成功地抗拒自然，也即通過非自然因素，人們又怎麼能迫使自然交出自己的秘密呢？我看到這種認知就體現在俄狄浦斯命運中那可怕的三重性裡——破解自然之謎（那二重性的斯芬克司）的同一個人，必須作為就父者和娶母者來打破最神聖的自然秩序。

的確，這個神話似乎要悄悄地跟我們說：智慧，尤其是戴歐尼修斯的智慧，乃是一種反自然的恐怖之事，誰若通過自己的知識把自然投入到毀滅的深淵之中，他自己也就必須經歷自然的解體。「智慧的鋒芒轉而刺向智者：智慧乃是一種對自然的犯罪」——這個神話向我們喊出了如此駭人的原理。然而，這位希臘詩人卻像一縷陽光，去觸摸這個神話的崇高而又可怕的門農[1]之柱，使後者突然發出聲響——用索福克勒斯的旋律！

現在，與被動性之光榮相對照，我要提出照耀著埃斯庫羅

1. 門農（Memnon）：荷馬史詩《奧德賽》中最美的男子，特洛伊戰爭中的英雄，後為阿卡琉斯所殺。

斯的普羅米修斯的主動性之光榮。在這裡，思想家埃斯庫羅斯
要告訴我們的是，他作為詩人只能通過其比喻式的形象讓我們
揣度的東西；這個東西，是青年歌德已經懂得用自己的普羅米
修斯的豪言壯語向我們揭示出來了：

> 我坐在這裡，照著我的形象
>
> 塑造人，
>
> 一個與我相像的種類，
>
> 受苦，哭泣，
>
> 享受，快樂，
>
> 而像我一樣，
>
> 對你毫無敬意！[2]

　　人類把自己提升到泰坦的高度，為自己爭得文化，並且
迫使諸神與他結盟，因為人類以其自身特有的智慧，掌握著諸
神的實存和範限。上面這首普羅米修斯之詩，按其基本思想來
看，是對非虔敬的讚頌之歌，但這首詩中最美妙的地方，卻
是埃斯庫羅斯對正義的深刻追求：一方面是勇敢「個體」的無
盡苦難，另一方面則是神性的困厄，實即對諸神黃昏的預感，

---

2. 歌德未完成的詩劇《普
羅米修斯》中的一個片斷。

這兩個苦難世界的力量迫使雙方和解，達到形而上學的統一性
──所有這一切都極為強烈地讓我們想起埃斯庫羅斯世界觀的
核心和原理，它把命運（Moira）看作超越諸神和人類而穩居寶
座的永恆正義。

埃斯庫羅斯把奧林帕斯世界置於他的正義天平上，其膽略
可謂驚人。因此，我們必須回想一下，深思熟慮的希臘人在其
宗教秘儀中，有一種牢不可破的形而上學思想的基礎，而且可
能對奧林帕斯諸神發洩其全部的懷疑念頭。特別是希臘的藝術
家在面對這些神祇時，依稀感受到的一種相互依賴。而恰是在
埃斯庫羅斯的《普羅米修斯》中，這種感覺得到了象徵性的表
達。這位泰坦式的藝術家心中有一種固執的信仰，以為自己能
夠創造人類，至少能夠消滅掉奧林帕斯諸神。這必須要通過他
那高等的智慧來完成，而無疑地，他就不得不經受永恆的苦難
為這種智慧付出代價。

這位偉大天才的美妙「能力」（即便以永恆的苦難作為代
價也是微不足道的），藝術家嚴峻的自豪──此乃埃斯庫羅斯
創作的內涵和靈魂，而索福克勒斯則在其《俄狄浦斯》中奏響
了神聖者勝利之歌的前奏曲。不過，即便埃斯庫羅斯對此神話

的解釋，也無法測出它那驚人的深度恐懼，毋寧說，藝術家的
生成快樂，那抗拒一切災禍的藝術創造的喜悅，只不過是反映
在黑暗的悲哀之湖上的亮麗藍天與白雲。普羅米修斯的傳說乃
是整個雅利安民族的原始財產，是一個證據，表明這個民族善
於感受深沉而悲劇性的東西；其實不無可能的是，這個神話之
於雅利安人，就如同原罪神話之於閃米特人一樣，是具有獨特
意義的，這兩個神話之間有著某種類似於兄妹的親緣關係。

　　普羅米修斯神話的前提是，天真的人類給「火」一種過高
的價值，把「火」當作每一種上升文化的真正守護神；然而，
人類自由地支配火，獲得火不光是靠著天的饋贈，諸如燃燒的
閃電或者溫熱的陽光，這一點在那些遐想的原始人看來，乃是
一種褻瀆神祇，是一種神性自然的剝奪。而且這麼一來，第一
個哲學問題就立刻設置了一個令人痛苦的、不可解決的人與
神之間的矛盾，把它像一塊岩石般推到每一種文化的大門口。
人類能分享的至善和至美的東西，先要通過一種瀆神才能爭取
到，然後又不得不自食惡果，也就是說，不得不承受所有痛苦
和憂傷的洪流，那是受冒犯的蒼天神靈必須要用來打擊力求上
升而成就高貴人類的惡果。

　　一個嚴峻的思想，它賦予瀆神以尊嚴，通過這種尊嚴與閃米特人的原罪神話奇特的被區分開來。在閃米特人的原罪神話中，好奇、說謊、欺騙、不堪誘惑、淫蕩。簡言之，一系列主要屬於女性的惡習，都被視為是禍害的根源。而雅利安人的觀念的突出標誌，則在於那種崇高的觀點，它把主動的罪惡當作普羅米修斯的真正德性；同時，我們從中也發現了悲觀主義悲劇的倫理基礎，那是對人類禍害的辯護，而且既是對人類之罪責的辯護，也是對由此產生的苦難的辯護。

　　萬物本質中的災禍——這是遐想的雅利安人不想加以抹煞的——世界核心中的矛盾，向雅利安人顯示為各種不同世界的交織，例如神界與人界的交織。這樣一來，每個世界作為個體而存在都是合理的，但作為個別世界與另一個世界並存時，它勢必要為自己的個體化飽受苦難。當個人英勇地試圖跨越個體化的界限時，意願成為這個世界本質本身時，他自己就要忍受隱藏在萬物中的原始矛盾，也就是說，他就要瀆神和受苦了。

　　所以，雅利安人把瀆神理解為男性，而閃米特人則把罪惡理解為女性，正如原始的瀆神是男人做的，而原罪是女人犯的。此外，女巫合唱歌隊唱道：

女人走了幾千步，

我們不要太認真；

不管女人多麼忙，

男人一躍便能趕上。[3]

　　誰若弄懂了那個普羅米修斯傳說的最內在核心——亦即泰坦式奮鬥的個體勢必要褻瀆神明——他就必定同時會感受到這種悲觀主義觀念中的非阿波羅因素；因為阿波羅恰好是要在個體之間劃出界線，並且總是再三要求他們具有自知之明，掌握尺度，要他們記住這些界線是最神聖的世界規律，由此來安撫個體。但為了在這樣一種阿波羅形式的傾向中不至於僵化為埃及式的呆板和冷酷，為了在努力為個別的波浪確定軌道和範圍時，不至於使整個湖水變成一潭死水，戴歐尼修斯的滔滔洪流偶爾又會摧毀掉所有個體之間的圈圍，也就是純然阿波羅式的「意志」，力求把希臘文化吸引入其中的那些小圓圈中。於是，那驟然高漲的戴歐尼修斯洪流就擔負起個體之間的各種小波浪，如同普羅米修斯的兄弟、泰坦巨神阿特拉斯[4]背負著大地一般。

3. 歌德《浮士德》第一部。

4. 阿特拉斯（Atlas）：希臘神話中的擎天神，屬於泰坦神族。

　　這種泰坦式的慾望，彷彿要成為所有個人的阿特拉斯，用巨肩把他們扛得越來越高、越來越遠——這種慾望乃是普羅米修斯因素與戴歐尼修斯因素的共性所在。基於此，埃斯庫羅斯的普羅米修斯就是戴歐尼修斯的面具，而之前提到過的埃斯庫羅斯對於正義的那種深刻追求，則透露出普羅米修斯在父系一脈上源自阿波羅，後者是個體化之神和正義界限之神，是明智者。所以，埃斯庫羅斯的普羅米修斯的雙重本質，即兼具戴歐尼修斯本性和阿波羅本性，就可以用抽象的公式來加以表達：

　　「現存的一切既正義又不正義，在兩種情況下都是同樣合理的。」

　　這就你的世界！這就是所謂的世界！

肢解・重生

　　有一個不容爭辯的傳說是，最古形態的希臘悲劇只以戴歐尼修斯的苦難為課題，在很長一段時間裡唯一現成的舞臺主角就是戴歐尼修斯。但我們可以同樣確定，直到歐里庇德斯，戴歐尼修斯向來都是悲劇的主角，希臘舞臺上的所有著名角色，普羅米修斯、俄狄浦斯等等，都只是那個原始的主角戴歐尼修斯的面具而已。

　　這些面具後面隱藏著一個神祇，這是唯一根本性的原因，說明那些著名角色為何具有如此經常讓人讚歎的典型「理想性」。我不記得有誰說過，所有的個體之所以成為個體都是滑稽的，因而是非悲劇性的。由此或可得知，希臘人基本上是不可能容忍舞臺上的個體的。希臘人看來確實有此種感受：至少，柏拉圖對於與「偶像」（Idol）、「映射」（Abbild）相對立的「理念」（Idee）所做的區分和評價，是深植於希臘人的本質之中的。

　　若用柏拉圖的術語來說，我們或可這樣來談論希臘舞臺的悲劇形象：這一個真實的戴歐尼修斯以多種形象顯現，戴著一個抗爭英雄的面具，彷彿捲入個別意志之網中。以現在這個顯現之神的言行方式，他就像一個迷失、抗爭、受苦的個體。而基本上，他是以史詩般的明確和清晰顯現出來的，這要歸於釋夢者阿波羅的作用，阿波羅通過那種比喻性的顯現，向合唱歌隊解釋了他的戴歐尼修斯的狀態。實際上，這個英雄就是秘儀中受苦的戴歐尼修斯，是親身經歷個體化之苦的神；根據種種神奇的神話敘述，戴歐尼修斯年輕時曾被泰坦諸神所肢解，然後在此狀態中又被奉為查格琉斯[1]而廣受崇敬——暗示這種解體，是戴歐尼修斯真正的苦難，宛如一種向氣、水、土、火的轉變，所以，我們就必須把個體化狀態視為一切苦難的根源和基礎，視為某種本身無恥下流的東西。

　　從這個戴歐尼修斯的微笑中誕生了奧林帕斯諸神，從他的眼淚中誕生了人類。以這種作為被肢解之神的實際存在，戴歐尼修斯具有雙重本性，他既是殘暴野蠻的惡魔，又是溫良仁慈的主宰。可是，秘儀信徒們卻指望著戴歐尼修斯的重生，對於這種重生，我們必須充滿預感地把它當成個體化的終結：對於這個即將到來的第三個戴歐尼修斯，秘儀信徒們報以激蕩的歡

1. 查格琉斯（Zagreus）：戴歐尼修斯的別名。希臘神話中主神宙斯的私生子，赫拉出於嫉妒命泰坦神族把他肢解了，之後從某女神腹中重生，名為查格琉斯。

呼歌唱。而且，只因為有了這種希望，被分解為個體的支離破碎的世界，才能煥發出一縷歡樂的容光——通過沉浸在永恆悲傷中的得墨忒耳 [2]，以神話的形象說明了這一點。當她聽說她能再次把戴歐尼修斯生出來時，她重啟笑容。

以上述觀點，我們已經擁有了深刻、悲觀主義的世界觀的全部要素，同時也就理解了悲劇的秘儀學說，那就是關於萬物統一的基本認知，把個體化當作禍患之始的看法，藝術作為那種要打破個體化界限的快樂希望，以及作為對一種重建的統一性的預感。

上文早已指出，《荷馬史詩》乃是奧林帕斯文化的詩作，這種文化用它來歌唱自己如何戰勝了泰坦諸神之爭的恐懼。現在，在悲劇詩作的強大影響下，荷馬神話得以重新誕生，而這種變形也表明，這時連奧林帕斯文化也被一種更深刻的世界觀所戰勝。英勇的泰坦神普羅米修斯對其在奧林帕斯的折磨者宣佈，如果他們不及時與他結盟，其統治地位終將面臨極端的危險。在埃斯庫羅斯那裡，我們看到驚恐、害怕末日來臨的宙斯與這位泰坦神締結聯盟。於是，之前的泰坦時代又脫離了塔爾塔羅斯 [3]，得以重見天日。

2. 得墨忒耳（Demetor）：希臘神話中象徵豐收的農林女神。

3. 塔爾塔羅斯（Tartarus）：希臘神話中的地獄之神，也是「地獄」的代名詞。

　　關於野蠻而赤裸的自然哲學，帶著毫無掩飾的真理表情，直觀飛揚而過的荷馬世界的神話：面對這位女神閃電般的目光，這些神話黯然失色，顫抖不已——直到戴歐尼修斯式藝術家的巨掌，強迫它們為這位新的神祇效力。戴歐尼修斯的真理接管了整個神話領域，以此作為它的象徵，並且表達出這種認知——有時是在公開的悲劇祭禮中，有時是在隱秘的戲劇秘儀節日慶典中，但總是披著古老神秘的外衣。

　　是何種力量把普羅米修斯從鷹爪中解救出來，把這個神話轉變成表達戴歐尼修斯智慧的手段呢？那是音樂的赫拉克勒斯式的力量：這種音樂在悲劇中達到其最高的顯現，用全新且極深刻的意義來解釋神話。這點，我們之前已經把它刻劃為音樂的最高能力了。因為任何神話的命運正在漸漸地潛入某個所謂歷史現實的狹隘範圍裡，然後被後世某個時代處理為具有歷史訴求的唯一事實，而且，希臘人早已完全做好了準備，敏銳而任意地對整個神話般的青春夢想作了重新的烙印，使之成為一種實用史學的青春史。

　　因為，這是宗教通常走向衰亡的方式：也就是說，當一種宗教的神話前，提受到一種正統教義嚴肅而理智的監視，被

系統化為歷史事件的現成總和，當人們開始憂心忡忡地為神話的可信性辯護，卻又反對神話任何自然的繼續生存和繁衍，這時，神話感便漸趨消亡，取而代之的是宗教對於歷史基礎的要求，這時候，宗教便走向衰亡了。

現在，新生的戴歐尼修斯音樂天才抓住了這種垂死的神話：這種神話在他手裡再度復興，展現出前所未有的亮麗色彩，帶著一種馥鬱的芬芳，激發出一種對形而上學世界的渴望和預感。經過這一次迴光返照之後，神話就開始委靡不振了，殘葉凋零，古代擅長嘲諷的盧奇安（Lucian，約125—192，又譯為琉善，古希臘散文作家）之流，馬上就去追逐那些隨風飄逝、枯萎失色的花瓣了。通過悲劇，神話獲得了它最深刻的內容和最具表現力的形式；有如一個受傷的英雄，神話再度興起，它全部的剩餘精力，連同垂死者充滿智慧的寧靜，在它眼裡燃燒，發出最後的強烈光芒。

瀆神的歐里庇德斯啊，當你企圖迫使這個垂死者再度為你服役時，你意欲何為？這個垂死者死於你殘暴的鐵腕下。現在，你需要一個仿冒的、偽裝的神話，它就像赫拉克勒斯的猴子[4]一樣，只知道用古舊的奢華來裝飾自己。正如神話死於你手

4. 赫拉克勒斯的猴子：一種對赫拉克勒斯的模仿。在古希臘，這是一個用來表示傲慢之人的貶義詞。

上，音樂天才同樣也因你而死。即使你貪得無厭地想把所有的音樂花園洗劫一空，你也只是把它變成了一種仿冒的、偽裝的音樂。由於你拋棄了戴歐尼修斯，阿波羅也就離棄了你，把全部的熱情通通趕出它們的營地吧，把它們吸引到你的領地裡，為你的英雄話語磨煉口舌，準備下一種智者的辯證法吧——即便你的英雄只是仿冒的、偽裝的熱情，只能講仿冒的、偽裝的話語。

11
悲劇之死

在上述的探索之後，為了讓眼睛在一種更可靠的歷史案例上平靜下來，請允許我們在此進一步探討希臘悲劇之死；我們假設，悲劇真的是從戴歐尼修斯元素和阿波羅元素的統一中誕生的，那麼，悲劇之死也就必須根據這些原始力量的消除來解釋。而現在出現的問題是，能夠把這些牢牢地相互纏繞在一起的原始力量消除掉的，又是何種力量？

希臘悲劇的毀滅不同於所有更古老的相似藝術種類：它是由一種難以解決的衝突而死於自殺，所以是悲劇性的，而所有更古老的相似藝術種類則都盡享天年，都是極美麗和極安詳地逐漸消失的。因為，如果留下美好的後代、毫無痙攣地告別人生是合乎幸福的自然狀態，那麼，那些更加古老的相似藝術種類的終結，就向我們表明了這種幸福的自然狀態。它們慢慢地消失，而且在它們彌留之前已經站著它們更美的子孫，後者正以勇敢的姿態急不可耐地昂起自己的頭顱。

　　與此相反，隨著希臘悲劇的死亡，則出現了一種巨大的、往往深深地被感受到的空虛；就如同提庇留（Tiberius Claudius Nero，西元前42—西元前37年，羅馬帝國第二位皇帝，以暴虐、好色著稱）時代的希臘船夫，有一次在一座孤島上聽到令人震驚的呼叫：「偉大的潘死了！」——同樣地，現在整個希臘世界都響起一種痛苦的哀叫聲：「悲劇死了！詩歌本身也隨之消失了！滾吧，你們這些瘦弱委靡的後代啊！滾到地獄裡去吧，在那裡你們尚可飽餐一頓昔日大師們的殘羹剩菜！」

　　但這個時候，卻有一種新的藝術興起了，它把悲劇奉為先驅和導師；人們當時驚恐地發覺，這種藝術固然帶有她母親的容貌特徵，但卻是這位母親在長期的垂死掙扎中表現出來的容貌。歐里庇德斯所做的爭鬥就是悲劇的垂死掙扎；這種後起的藝術就是眾所周知的阿提卡新喜劇。在阿提卡新喜劇身上，殘存著悲劇的蛻變形態，構成悲劇極其艱難和慘烈的消亡紀念碑。

　　鑒於上述的連結，我們就不難理解，為什麼新喜劇的詩人們對於歐里庇德斯抱有熱烈的愛慕之情；以至於斐勒蒙（Philemon，西元前368—西元前264年，古希臘阿提卡新喜劇作家）的願望不再令人詫異了，此人想立即上吊自殺，只為

了能夠去拜訪陰間的歐里庇德斯——只要他確信這位死者現
在也還具有理智。但如果我們不求詳盡，而只想簡明扼要地
刻劃出歐里庇德斯與米南德（Menander，西元前342—西元前
291年，古希臘戲劇作家及阿提卡新喜劇的代表）和斐勒蒙的
共同之處，以及十分興奮地對他們發揮典範作用，那麼，我們
只需說：歐里庇德斯把觀眾帶上了舞臺。如果你認知到在歐里
庇德斯之前普羅米修斯式的悲劇作家們是用什麼材料塑造他們
的主角的，根本沒有把現實的僵死面具搬到舞臺上去的意圖，
那麼，你也就弄清楚歐里庇德斯完全背離的傾向了。通過歐里
庇德斯，日常生活中的人從觀眾席衝上了舞臺——這面鏡子之
前只表達了偉大勇敢的性格，現在則顯露出那種極其嚴密的忠
實，連自然的敗筆也加以仔細重現了。

　　現在，在新詩人筆下，奧德修斯，古代藝術中典型的希臘
人，已淪為小希臘人形象了，從今以後，這種小希臘人就作為
好心腸、狡黠的家奴佔據了戲劇趣味的中心。在阿里斯托芬的
《蛙》中，歐里庇德斯聲稱自己的功績，是通過家中常備的成
藥，使悲劇藝術擺脫了富麗堂皇的臃腫病。這一點首先可以在
他的悲劇主角身上得到應證。現在，觀眾們在歐里庇德斯的舞
臺上看到和聽到的，基本上就是他們自己的影子，並且為這影

子油腔滑舌的演出而大感開心。但不只是開心而已，人們自己還可以向歐里庇德斯學習說話；在與埃斯庫羅斯比賽時，歐里庇德斯就曾以此自誇，說：通過他，民眾現在已經學會了用機智的詭辯術巧妙地去觀察、商討和推論了。

透過這種對公共語言的改變，基本上他就使新喜劇成了可能。因為從現在起，如何以及用何種格言讓日常事物登上舞臺，已經不再是一個秘密了。歐里庇德斯把他全部的政治希望都建立在市民的平庸上，現在，這種平庸有了發言權。在此之前，是由悲劇中的半神、喜劇中醉醺醺的薩蒂爾或者半人半神來決定語言的特性。如此一來，阿里斯托芬劇中的歐里庇德斯就竭力自誇，說他描繪了人人都能做出判斷的普通、熟知、日常的生活和行動。現在大眾都能進行哲學思考了，並且都能以前所未聞的聰明才智管理土地和財產，展開訴訟，那麼，這全是他的功勞，是他向民眾灌輸的智慧成就。

現在，新喜劇就可以面向一個有準備和經過啟蒙的大眾了，而歐里庇德斯在某種程度上就成了這個新喜劇的合唱歌隊導師；只不過這一回，觀眾合唱歌隊還必須接受訓練。一旦這個合唱歌隊訓練成功，能用歐里庇德斯的調子唱歌，就興起

了這種弈棋式的戲劇種類——以狡詐和詭計不斷獲勝的新喜
劇。而歐里庇德斯這位合唱歌隊導師，就會不斷地受到讚揚：
真的，倘若人們不知道悲劇詩人們與悲劇一樣已經死了，為了
從他那裡學習更多一點東西，人們就會自殺。然而，隨著悲劇
之死，希臘人也放棄了對於不朽的信仰，不但不再信仰一個理
想的過去，而且也不再信仰一個理想的未來了。那個著名的墓
誌銘（指歌德的諷刺詩《墓誌銘》）上的一句話「老者輕浮又
古怪」也適用於老邁的希臘文化。瞬息歡娛、玩世不恭、漫不
經心、喜怒無常，乃是當時最高的神靈；第五等級，即奴隸等
級，現在要上臺當權了——至少在觀念上是這樣的。如果現在
還談得上「希臘的明朗」，那也是奴隸的明朗了；奴隸們不懂
得承擔什麼重責大任，不知道追求什麼偉大，眼裡只重當下，
而不懂尊重過去或者將來。

　　正是這種「希臘的明朗」的假象，深深地激怒了基督教
前四個世紀裡那些深刻而可怕的人物：在他們看來，這種女性
式的對嚴肅和恐怖的逃避，這種懦夫般的對安逸享樂的沾沾自
喜，不僅是可鄙的，而且是真正基督的敵對思想觀念。而且，
由於這種思想觀念的影響，延續了幾百年的關於古代希臘的觀
點，以幾乎不可克服的堅韌保持著那種討厭的陰森臭氣和粉紅

的明快色彩——彷彿從來就不曾有過西元前六世紀及其悲劇的誕生、及其秘儀、及其畢達哥拉斯和赫拉克利特，彷彿壓根兒就不曾有過這個偉大時代的藝術作品；誠然，對於這些各自獨立的藝術作品，我們根本就不能根據這種老邁、奴性的當下樂趣和明朗來加以說明，它們標誌著一種完全不同的世界觀，以此作為自己的實存根據。

上文我們斷言，歐里庇德斯把觀眾帶上了舞臺，從而讓觀眾真正有能力對戲劇作出判斷。如此便產生出一種假象，彷彿更古老的悲劇藝術並沒有擺脫與觀眾的不當關係；而且，人們就會努力去讚揚歐里庇德斯的激進意圖，把他要獲得藝術作品與觀眾之間的相應關係的意圖，視為超越索福克勒斯的一大進步。然而，所謂「觀眾」只不過是一個語詞而已，完全不具有相同的、本身固定的偉大意義。藝術家有何義務去適應一種只靠數量見長的力量呢？如果藝術家覺得自己在天賦和志向上都超過了每個觀眾，那麼，他何以在所有這些比他低等的全體觀眾的共同表達面前，比在相對而言極有天賦的個別觀眾面前，感受到更多的尊重呢？

實際上，沒有一個希臘藝術家像歐里庇德斯那樣，在漫長

的一生中都如此放肆而自滿地對待他的觀眾：即使當群眾對他
五體投地時，他也以高傲的固執態度，公然抨擊自己用以戰勝
群眾的意圖。倘若這位天才對於觀眾群魔有一丁點敬畏之心，
那麼，在失敗的棒打下，他或許早在自己事業生涯的中途就崩
潰了。由此考量，我們就會看到，我們所謂歐里庇德斯把觀眾
帶上舞臺，是為了使觀眾真正具有判斷能力，這種說法只不過
是一個權宜之計，我們必須尋求對他的意圖做一種更深入的理
解。相反地，眾所周知的是，埃斯庫羅斯和索福克勒斯在他們
的有生之年──甚至在死後很長一段時間裡──如何廣受民眾
愛戴，而且，因此在歐里庇德斯的這些前輩那裡，根本就談不
上一種在藝術作品與觀眾之間的不當關係。

　　那麼，是什麼強大的力量驅使這位富有才氣又不懈地創
作的藝術家偏離正道，拋棄了如陽光普照般的名望，和與民眾
愛戴的燦爛晴空相輝映的美好前程呢？何種對於觀眾的特殊顧
慮，使他背棄了觀眾呢？他怎麼可能是因為過於尊重觀眾，而
去蔑視觀眾呢？

　　上面我們端出了一個謎，其謎底在於：歐里庇德斯很可
能覺得自己作為詩人要比群眾高明，但並不比他的那兩個觀眾
高明；雖然他把群眾帶上了舞臺，而對於他的那兩個觀眾，他

卻是敬重有加，視之為唯一有能力判斷他的藝術的法官和大師——遵照那兩個觀眾的指令和勸告，他把感受、激情和經驗狀態的整個世界，也就是此前在觀眾席上作為看不見的合唱歌隊，在每一次節日演出時所感受到的一切，全盤轉嫁到舞臺主角的心靈當中了。當他為這些新角色尋找新語言和新音調時，他便順從了那兩個觀眾的要求，當他看到自己再次受觀眾法庭的譴責時，唯有在那兩個觀眾的聲音裡，他才聽到了對自己的創作的有效判詞，以及讓人感到勝利在望的鼓舞。

那兩個觀眾之一是歐里庇德斯本人，是作為批評家的歐里庇德斯，而不是作為詩人的歐里庇德斯。我們可以說，歐里庇德斯異常豐富的批判才能——類似於萊辛——即便不說創作，至少也會持續不斷地孕育一種附帶的藝術創造衝動。以這樣的天賦，以其批判性思想的全部明晰和靈敏，歐里庇德斯坐在劇場裡面，努力去重新認識他那些偉大先輩的傑作，有如觀看一幅已經褪色的畫作，一筆一筆、一條一條地加以重新審視。而且在這裡，他碰到了先行考察了戲劇中的戴歐尼修斯因素，那是我們不會感到意外的東西。在每一筆和每一條線上，他看到了某種無法測度的東西，某種令人迷惑的確定性，同時也是一種神秘的深度，即無窮無盡的背景。即便最清晰的形象也總是帶著一個彗星尾巴，

似乎暗示著某種不確定、弄不清楚的東西。這種相同的朦朧暮色也籠罩在戲劇結構上，尤其是在合唱歌隊的意義上。而倫理問題的解答依然讓他感到十分疑惑，神話的處理是多麼的可疑啊！幸與不幸的分配又是多麼不均！即便在更古老悲劇的語言中，也有許多東西讓他反感，至少令他感到神秘莫測；特別是他發現其中用了過多的堂皇辭藻來表達簡單的關係，用了過多的比喻和驚人的詞彙來表現樸素的性格。

　　他就這樣坐在劇場裡，不安地苦思冥想，而作為觀眾，他承認自己不能理解他那些偉大的先輩。然而，如果在他看來理智超越一切，是一切欣賞和創作的真正根源，那他就不得不追問和尋思，是不是沒有人與他想法一致，沒有人與他一樣承認那種不可測度性。但許多人，包括那些最優秀的個人，只是對他報以懷疑的微笑；沒有人能為他說明，為什麼大師們面對他的疑慮和異議總是正確的。在這樣一種極其痛苦的狀態中，他找到了另一個觀眾，後者並不理解悲劇，因而也不重視悲劇。與這位觀眾結盟，歐里庇德斯就大膽地擺脫了孤獨，開始向埃斯庫羅斯和索福克勒斯的藝術作品發起一場驚人的爭鬥——不是用文章論戰，而是作為戲劇詩人，用自己的悲劇觀來反對傳統的悲劇觀。

12
歐 里 庇 德 斯 的 意 圖

在指出另一個觀眾的名字之前，讓我們在此稍作停留，重溫一下我們上文描寫過的埃斯庫羅斯悲劇之本質中存在的分裂性和不可測度性的印象。讓我們來想一想，我們自己面對悲劇合唱歌隊和悲劇主角時的驚詫心情；這兩者，我們不知道怎麼把它們與我們的習慣以及傳統協調起來——直到我們重新發現了作為希臘悲劇的起源和本質的雙重性，它是阿波羅與戴歐尼修斯這兩個相互交織的藝術衝動的表達。

把那種原始的和萬能的戴歐尼修斯元素從悲劇中剔除出去，並且純粹地、全新地在非戴歐尼修斯的藝術、道德和世界觀基礎上重建悲劇——這就是現在明明白白地向我們揭示出來的歐里庇德斯的意圖。

在晚年的一部神話劇裡，歐里庇德斯本人竭力地向他的同代人提出了有關這種意圖的價值和意義的問題。他允許戴歐尼修斯因素存在嗎？難道不應該強行把它從希臘的土壤裡根除掉

嗎？那是當然的，這位詩人告訴我們，只要有可能，就要把它連根拔除：但酒神戴歐尼修斯太過強大了；像《酒神的伴侶》中的彭透斯[1]這樣絕頂聰明的敵手，也突然被他迷惑了，之後就在著魔狀態中奔向自己的厄運。卡德摩斯和提列西亞這[2]兩位老者的判斷，似乎也就是這位老詩人的判斷了：最聰明個體的思索也推翻不了那些古老的民間傳統，那種生生不息地蔓延的戴歐尼修斯崇拜。

其實面對此種神奇的力量，恰當的做法是至少顯示出一種外交式謹慎的關注——但即便如此，這位酒神仍有可能對如此不冷不熱的參與產生反感，最後把外交家變成一條龍（就像這裡的卡德摩斯）。這就是一位詩人告訴我們的，他以漫長的一生英勇地反抗戴歐尼修斯，最後卻對自己的敵手大加讚美，以自殺來結束自己的生涯，類似於一位頭暈者從高塔上摔下來，只為了逃避可怕的、再也無法忍受的眩暈。

這部悲劇就是對他意圖的可行性的抗議；但是，他的意圖已經得到了實踐！驚人之事發生了：當這位詩人要收回自己的意圖時，他的意圖卻已經得勝了。戴歐尼修斯已經從悲劇舞臺上被趕了下來，而且是被一種惡魔般的力量趕了下來——一種

1. 彭透斯（Pentheus）：古希臘神話中的海神。底比斯國王，與酒神戴歐尼修斯為敵，後死於戴歐尼修斯信徒之手。
2. 卡德漠斯（Kadmus）：相傳為古希臘底比斯城的創建者；提列西亞（Tiresias）：底比斯城的先知。

借歐里庇德斯之口說話的惡魔般的力量。連歐里庇德斯在某種意義上也只是個面具：借他之口說話的神祇不是戴歐尼修斯，也不是阿波羅，而是一個完全新生的惡魔，名叫蘇格拉底。這是一種全新的對立：戴歐尼修斯與蘇格拉底，而希臘悲劇藝術作品便因這樣的對立而走向了毀滅。

現在，儘管歐里庇德斯力圖通過自己的懺悔來安慰我們，但他是不會成功的：壯麗無比的廟宇已成廢墟；破壞者的悲嘆，破壞者承認那是所有廟宇中最美的一座，這對我們又有何用呢？即便歐里庇德斯受到了懲罰，被所有時代的藝術法官變成了一條龍——但這樣一種可憐的補償又能讓誰滿意呢？

現在，讓我們進一步來探討一下那種蘇格拉底的意圖，歐里庇德斯正是借此來反對和戰勝埃斯庫羅斯悲劇的。

我們現在必須問問自己：歐里庇德斯只想把戲劇建立在非戴歐尼修斯因素的基礎上，實施這樣的計畫，究竟有著何種目的呢？倘若戲劇不是從音樂的母腹中、在戴歐尼修斯那個神秘暮色中誕生出來的，那麼，它還會有何種形式呢？那只有戲劇化的史詩了。在這個阿波羅式的藝術領域裡，悲劇的效果當然

是達不到的。這裡的關鍵不在於所描寫的事件內容；的確，我甚至想說，歌德在他所設計的《瑙西卡》[3]中不可能把那個牧歌式人物的自殺——這必須在第五幕中完成——弄得那麼富有悲劇效果。史詩的阿波羅式表現力是如此超乎尋常，以至於它借助於對於假象的快感，以及對於通過假象達到解脫的快感，使最恐怖的事物在我們眼前魔幻化。戲劇化史詩的詩人，就如同史詩流浪歌手一樣，是不能與史詩形象完全融合的：他始終抱持著不動聲色的靜觀態度，從遠處看著自己面前的形象。這種戲劇化史詩的演員從骨子裡始終還是流浪歌手；內心夢幻的聖潔莊嚴落在他的所有表演上，以至於他從來都不是一個完全的演員。

那麼，歐里庇德斯戲劇對於阿波羅戲劇的理想又是怎樣的關係呢？其關係就像那個年輕的流浪歌手之於古代莊嚴的流浪歌手——在柏拉圖的《伊翁篇》中，那個年輕的流浪歌手對自己的本性做了如下描寫：「當我講到某件悲哀之事時，我眼裡充滿淚水；而如果我講的事恐怖而可怕，我便毛骨悚然，心驚肉跳。」在這裡，我們再也看不到那種對假象的史詩式的沉迷，再也看不到真正的演員那種毫無衝動的冷靜——真正的演員恰巧在其演藝的最高境界中，完全成為假象和對於假象的快

3. 《瑙西卡》：詩人歌德的戲劇作品。瑙西卡（Nausikaa）是希臘神話中准阿咯亞王的女兒，美如女神，與奧德修斯有一段沒有結果的戀情。

感了。歐里庇德斯就是那種心驚肉跳、毛骨悚然的演員；他作為蘇格拉底式的思想家來擬訂計畫，又作為熱情的演員來實踐該計畫。

無論是在計畫的擬訂還是在計畫的實踐中，他都不是純粹的藝術家。所以，歐里庇德斯的戲劇是一個既冷又熱的東西，既能把人凍僵又能讓人燃燒；它不可能達到史詩的阿波羅式效果，而另一方面，它又盡可能地擺脫了戴歐尼修斯元素；現在，為了製造效果，他就需要新的刺激手段，那是再也不可能在兩種藝術衝動中、亦即在阿波羅式藝術衝動和戴歐尼修斯式藝術衝動中找到的。這些新的刺激手段就是取代阿波羅式直觀的冷靜而悖論的思想，以及取代戴歐尼修斯式陶醉的火熱情緒，是在高度真實地模仿的、絕對沒有消失在藝術蒼穹中的思想和情緒。

因此，既然我們已經知道了這麼多，知道了歐里庇德斯根本沒有成功地把戲劇僅建立在阿波羅因素基礎上，毋寧說，他的非戴歐尼修斯意圖是誤入了歧途，成了一種自然主義和非藝術的傾向，那麼，現在我們就可以更進一步，來探討一下審美蘇格拉底主義的本質了；審美蘇格拉底主義的最高原則差不多

是：「凡要成為美的，就必須是理智的」；這是可與蘇格拉底的命題「唯知識者才有德性」（知識即德性）相提並論的。歐里庇德斯拿著這個準則來衡量所有細節，並且依照這個原則來校正它們：語言、人物、戲劇結構、合唱歌隊音樂。在與索福克勒斯悲劇的比較中，往往被我們算到歐里庇德斯頭上的詩歌的缺陷和倒退，多半是那種深入的批判過程、那種大膽的理智產物。歐里庇德斯的序幕可作為我們的例證，用來說明那種理性主義方法的成效。

與我們的舞臺技巧大相違背的，莫過於歐里庇德斯戲劇中的序幕了。在一齣戲的開始，總會有一個人物登臺，告訴觀眾他是誰，前面的劇情如何，之前發生了什麼事，甚至這齣戲的進展中將發生什麼事——現代戲劇作家或許會把這種做法稱為不可饒恕的蓄意之舉，故意放棄了懸疑的效果。我們都知道了將要發生的所有事情，這時候，還有誰會願意等待它們真的發生呢？因為這樣，就絕不會出現一個預言的夢與一種後來發生的現實之間令人激動的懸疑關係。歐里庇德斯作了完全異樣的思考。

悲劇的效果絕不依靠史詩般的緊張懸疑，絕不依靠現在

和以後將發生之事誘人的不確定性；相反地，倒是要靠那些雄辯又抒情的宏大場景，在這種場景裡，主角的激情和雄辯猶如一股洪流掀起洶湧波濤。一切皆為激情所準備，而不是為了情節：凡是不能醞釀激情的，都被視為卑下。但最強烈地妨礙觀眾盡情享受地投入到這種場景中去的，是觀眾缺少了一個環節，是劇情前因後果中留著的一個缺口；只要觀眾依然不得不去算計這個或那個人物的含義，這種或那種傾向和意圖衝突是以什麼為前提的，他們就不可能全神貫注於主角的痛苦和行為上，也不可能緊張地與主角同甘苦、共患難。

埃斯庫羅斯和索福克勒斯的悲劇運用了極聰明的藝術手段，帶著幾分偶然，在頭幾個場景裡就把理解劇情所必須的所有那些線索交到觀眾手中：這是一個能證明那種高貴的藝術家風範的特徵，而所謂的藝術家風範彷彿掩蓋了必要的形式因素，那個使之表現為偶然的東西。不過，歐里庇德斯還自以為已經發現：觀眾在看前幾個場景時處於特有的騷動不安當中，為的是要把劇情的前因後果算計清楚，以至於他們丟失了詩意的美和展示部的激情。

因此，歐里庇德斯就在展示部之前設置了一個序幕，並且

讓一個人們可以信賴的角色來交代這個序幕：通常需要一位神
祇，在一定程度上由該神祇來向觀眾擔保悲劇的情節發展，消
除人們對於神話的任何懷疑，其方式類似於笛卡爾，後者只能
通過訴諸上帝的真誠以及上帝無能的撒謊這點，來證明經驗世
界的實在感。為了向觀眾確保主角的將來歸宿，歐里庇德斯在
他的戲劇結尾處再一次需要同一種神性的真誠，這就是臭名昭
著的「解圍之神」（deux ex machina）⁴的任務了。介於這種史
詩的預告與展望之間，才是戲劇抒情的具體呈現，亦即真正的
「戲劇」。

　　所以，作為詩人的歐里庇德斯，首先是對他自己的自覺
認識的迴響；而且，正是這一點賦予他一種在希臘藝術史上十
分值得紀念的地位。鑒於他那批判性的創作，歐里庇德斯必定
經常感覺到，他應該把阿那克薩哥拉著作的開頭幾句話運用於
戲劇中——阿氏曰：「泰初萬物混沌；理智出現，才創造了秩
序。」如果說阿那克薩哥拉以其「奴斯」（Nous）學說出現在
哲學家當中，有如第一位清醒者出現在一群醉鬼中，那麼，歐
里庇德斯也可能以一種類似的形象，來把握他與其他悲劇詩人
之間的關係。只要萬物唯一的安排者和統治者（即奴斯）依然
被排斥在藝術創作之外，則萬物就還會處於一種原始混沌中；

4. 此處deux ex machina，字面義為「來自機器的神明」、「機械送神」，延伸為一種突然的、刻意發明的解決之道。希臘羅馬戲劇中經常用舞臺機關送下來一個神，來消除劇情衝突或者為主角解圍。

歐里庇德斯必定做出如此判斷，他也必定會作為第一個「清醒者」來譴責那些「爛醉」的詩人。索福克勒斯曾說，埃斯庫羅斯做得對，儘管是無意而為的，這話當然不是針對歐里庇德斯而說的——歐氏頂多只會承認是因為埃斯庫羅斯無意而為的，所以他做了錯事。連神聖的柏拉圖多半也只會以諷刺的口吻來談論詩人的創造能力（只要這不是有意的觀點），並且把詩人的能力與預言者和釋夢者的天賦相提並論。按其說法，詩人在失去意識、丟掉理智之前，是沒有創作能力的。

就像柏拉圖也曾做過的那樣，歐里庇德斯著手向世界展示這種「非理智的」詩人的對立面；正如我前面講過的，他的審美原則「凡要成為美的，就必須是被認知的」，是可以與蘇格拉底的命題「凡要成為善的，就必須是被認知的」並舉。據此，我們就可以把歐里庇德斯視為審美蘇格拉底主義的詩人。但蘇格拉底是那第二個觀眾，並不理解、不重視舊悲劇的第二個觀眾；與蘇格拉底結盟，歐里庇德斯就敢於成為一種新的藝術創作的先行者了。

如果說舊悲劇是因這種新的藝術創作而歸於毀滅，那麼，審美蘇格拉底主義就是殺人的原則。但只要這場爭鬥是針對舊

悲劇中的戴歐尼修斯因素，我們就可以把蘇格拉底看作戴歐尼修斯的敵人，看作新的俄爾浦斯——他奮起反抗戴歐尼修斯，雖然注定要被雅典法庭的酒神女祭司們撕碎，卻迫使這位極其強大的神遁逃：就像當年，這位酒神為了躲避厄多涅斯王呂枯耳戈斯[5]時，逃到了大海深處，也就是逃到一種漸漸鋪展到全世界的秘密崇拜的神秘洪流中了。

5.　呂枯耳戈斯（Lykurg）：古希臘特剌刻的厄多涅斯王，德律阿斯（Dryas）的兒子，相傳為酒神戴歐尼修斯的敵人。

13

蘇 格 拉 底 的 魔 力

蘇格拉底與歐里庇德斯關係密切、意趣相投，前人對此也不無覺察；對於這種可喜的覺察能力最動人的表達，就是那個在雅典廣為流行的傳說，說蘇格拉底經常幫助歐里庇德斯寫詩。「美好古代」的擁護者們總是能輕易地說出這兩個人的名字。由於受到這兩個人的影響，古代馬拉松式、敦實有力的卓越身體和靈魂，隨著身心力量的不斷委靡，越來越成為一種可疑的啟蒙犧牲品。阿里斯托芬的喜劇就是以這種腔調，既憤怒又輕蔑地來談論那兩個人的，這一點使現代人感到恐懼，他們雖然樂意拋棄歐里庇德斯，但眼見阿里斯托芬竟把蘇格拉底說成頭號詭辯家，說成所有詭辯企圖的鏡子和典範時，他們可能會驚訝不已的——在這方面給他們的唯一安慰，就是公開譴責阿里斯托芬本人，斥之為詩壇上招搖撞騙的阿爾西比阿德[1]。

針對這樣的攻擊，我並不想為阿里斯托芬的深刻直覺辯護，而是要繼續從古代的感受出發，來證明蘇格拉底與歐里庇德斯的緊密共屬關係。在此意義上，我們特別要記住，作為悲

1．阿 爾 西 比 阿 德（Alcibiades，約西元前450－西元前404年）：又譯為「亞西比得」，希臘將軍，政治家，蘇格拉底的弟子，能言善辯。西元前420年任將軍。後為斯巴達所殺。

劇藝術的敵人（蘇格拉底是不看悲劇的），只有在歐里庇德斯的新戲上演時才會出現在劇場裡。而眾所周知，德爾斐的神諭卻把這兩個名字相提並論，把蘇格拉底稱為人間最有智慧的人，同時又判定歐里庇德斯在智慧比賽中應該得到第二名。

　　在這個排名中，索福克勒斯名列第三；與埃斯庫羅斯相反，他可以自詡做了正確之事，而且這是因為他知道什麼是正確的。顯然，正是這種知識的神聖程度，使上述三個人共同彰顯為當代的三個「有識之士」。

　　但當蘇格拉底發現他是唯一承認自己一無所知的人時，關於這種新的對知識和見識的空前重視，他發表了極為尖刻的談話，以挑釁之姿走遍雅典，造訪那些大政治家、大演說家、大詩人和大藝術家，所到之處都可見到知識的自負。蘇格拉底不無驚奇地認知到，這些名流本身對自己的職業並沒有正確可靠的識見，而只靠本能在從事。「只靠本能」：以這個說法，我們觸及了蘇格拉底意圖的核心和焦點。蘇格拉底主義正是以這個說法來譴責當時的藝術和當時的倫理，他那審視的目光所及，只看到缺乏的識見和幻想的猖獗，然後從這種缺失當中推斷出現存事物的內在是多麼的顛倒和無恥下流。

從這點來看，蘇格拉底相信必須匡正當下的人生：他孑然一人，作為一種完全不同的文化、藝術和道德的先驅，他帶著輕蔑和優越的神情進入一個世界當中──而對於這個世界，我們倘若能以敬畏之心抓住它的一角，就已然是莫大的幸事了。

這就是我們每次面對蘇格拉底時都會出現的巨大疑難，正是這個疑難一而再、再而三地激勵我們去認識這個最值得追問的古代現象的意義和目的。希臘的本質表現為荷馬、品達和埃斯庫羅斯，表現為斐狄亞斯（Phidias，約西元前500─約西元前438年，古希臘雕塑家）、伯里克利、皮提亞（Pythia，德爾斐神廟裡的女祭司）和戴歐尼修斯，表現為至深的深淵和至高的巔峰，那無疑是我們要驚嘆和崇拜的──作為個體，誰膽敢否定這種希臘本質呢？何種惡魔般的力量膽敢凌辱這種迷人的酒呢？是哪個半神，使得由人類最高貴者組成的精靈合唱歌隊，也不得不向他高呼：

「哀哉！哀哉！你已經用有力的拳頭，摧毀了這美好的世界；它倒塌了，崩潰了！」（歌德，《浮士德》）

那個被稱為「蘇格拉底魔力」的神奇現象，為我們瞭解蘇

格拉底的本質，提供了一把鑰匙。在特殊場合，蘇格拉底那巨大的理智會淪於動搖狀態，通過一種在這樣的時刻發出來的神性聲音，他便獲得了一個堅固的依靠。這種聲音到來時，往往具有勸告的作用。這種直覺的智慧在這樣一個完全反常的人物身上表現出來，只是為了偶爾阻止他那有意識的認知活動。在所有創造性的人那裡，直覺恰好是一種創造和肯定的力量，意識表現為批判性和勸告性，而在蘇格拉底身上卻並不然，在他那裡，直覺成了批判者，意識成了創造者——真是一個缺損畸胎啊！

誠然，在這裡我們感受到了任何一種神秘資質的巨大缺陷（defectus），以至於可以把蘇拉格底稱為特殊的非神秘主義者。在後者身上，邏輯的天性由於異期複孕[2]而過度發育，恰如在神秘主義者那裡，那種直覺的智慧發育過度了。但另一方面，蘇格拉底身上表現出來的那種邏輯本能卻失靈了，完全不能轉向自身、直面自身。在這種無羈的湍流中，它顯示出一種自然強力，只有在最偉大的直覺力量中，我們才能十分驚恐地發現這種自然強力。誰只要在柏拉圖著作中領略到一點點蘇格拉底生活傾向中，表露出來的那種神性的天真和穩固，就會感覺到，邏輯的蘇格拉底主義那巨大的本能之輪，彷彿正在蘇格

2. 異　期　複　孕（Superfötation）：指孕婦體內已經懷有胎兒時又開始另一週期的排卵，第二次排出的卵子又恰好受精成了胚胎。

拉底背後轉動著，而要審視這個本能之輪的運動，我們必須透
過蘇格拉底，有如通過一個幽靈那般。

　　不過，蘇格拉底本人對此關係也已經有了預感，這一點表
現在：無論在哪兒，甚至於在法官面前，他都要莊嚴地提出自
己的神聖使命。就這一點，要駁倒蘇格拉底根本是不可能的，
正如我們不可能贊同他那消解本能直覺的影響一樣。在這種難
以解決的衝突中，當他一度被傳到希臘國家法庭上時，就只能
有唯一的一種判決形式——即放逐。人們可以把他當作某種完
全莫名其妙、無法歸類、不可解釋的東西驅逐出境，後世無論
如何都沒有理由來指責雅典人的可恥行為。然而，雅典人卻判
他死刑，而不只是放逐而已，彷彿是蘇格拉底本人要實施這個
判決，完全清醒而毫無對死亡的恐懼：蘇格拉底從容赴死，有
如他在飲鴆時的泰然心情——根據柏拉圖的描寫，蘇格拉底總
是作為最後一個豪飲者，在黎明時分泰然自若地離開酒宴，去
開始新的一天；而那時候，留在他身後的是那些沉睡在板凳和
地面上的酒友，正在溫柔夢鄉中，夢見蘇格拉底這個真正的好
色之徒呢。赴死的蘇格拉底成了高貴的希臘青年人前所未有的
全新理想，尤其是柏拉圖這個典型的希臘青年，以其狂熱心靈
的全部熾熱獻身精神，拜倒在這個偶像面前。

柏 拉 圖 的 對 話

現在讓我們來設想一下,當蘇格拉底那一隻巨人之眼,那從未燃起過藝術激情的優美癲狂中,轉向悲劇時會是何種情形?——讓我們來設想一下,他的眼睛不可能愉快地觀入戴歐尼修斯的深淵——這雙眼睛會在柏拉圖所謂「崇高而備受讚頌」的悲劇藝術中看到什麼呢?應該是某種相當非理性的東西,似乎有因無果、有果無因的東西,而且整體看來是如此多采多姿,以至於它必定會與一種審慎的性情相抵觸,而對於多愁善感的心靈來說,這卻是一個危險的火種。

我們知道蘇格拉底唯一弄得懂的是何種詩歌藝術,那就是伊索寓言,而且必定帶著那種微笑的適應和將就的態度。在《蜜蜂和母雞》這則寓言中,誠實善良的格勒特(Christian Fürchtegott Gellert,1715—1769,德國啟蒙運動作家和詩人)就是以這種態度讚頌詩歌的:

你看看我身上,詩歌有何用處,

對沒有多少理智的人，

要用一個形象來言說真理。

————————格勒特：《著作集》

　　但在蘇格拉底看來，悲劇藝術甚至不能「言說真理」，姑且不說它面向的是「沒有多少理智的人」，亦即並不面向哲學家：我們有雙重理由遠離悲劇藝術，而且偶爾也要警告人們提防藝術。與柏拉圖一樣，蘇格拉底也把悲劇藝術看作諂媚的藝術，這種藝術只表現舒適愜意之物，而並不表現有用的東西，所以他要求自己的弟子們對此類非哲學的刺激保持節制和隔絕的態度。其成功之處在於，年輕的悲劇詩人柏拉圖為了能夠成為蘇格拉底的弟子，首先焚燒了自己的詩稿。然而，當不可戰勝的天資起而反抗蘇格拉底的準則時，它們的力量，連同那種驚人性格的爆發力，始終還是十分強大的，足以迫使詩歌本身進入全新、前所未知的位置中。

　　這方面的例子就是剛剛提到過的柏拉圖。在對於悲劇和一般藝術的譴責上，柏拉圖無疑並不落後於他的老師所評述的天真的冷嘲熱諷；但基於完整藝術的必要性，柏拉圖卻不得不創造出一種藝術形式，後者恰好與他所排斥的現成藝術形式有著

內在的親緣關係。柏拉圖對舊藝術的主要責難——舊藝術是對假象（Scheinbild）的模仿，因而屬於一個比經驗世界還更低級的領域——首先並不是針對這種新藝術作品，所以我們看到柏拉圖力求超越現實，去表現作為那種假現實基礎的理念。但這樣一來，思想家柏拉圖卻迂迴地到達了這樣一個地方，就是他作為詩人始終如沐春風的地方，以及讓索福克勒斯和整個舊藝術莊嚴地抗議他的責難之所。

　　如果說悲劇汲取了之前全部的藝術種類，那麼，在某種古怪的意義上，這個說法同樣也適合於柏拉圖的對話，後者是通過混合全部現存的風格和形式而產生的，它飄浮在敘事、抒情詩、戲劇之間，在散文與詩歌之間，因此也打破了統一語言形式這個嚴格的老規矩；犬儒學派的作家們在這條道路上就走得更遠，他們有著極其複雜多彩的風格，在散文形式與韻文形式之間搖擺不定，也達到了「瘋狂的蘇格拉底」這種文學形式——那是他們在生活中經常扮演的角色。柏拉圖的對話可以說是一條小船，拯救了遇難的古代詩歌及其所有的子孫們。現在，它們擠在一個狹小的船艙裡，驚恐地服從蘇格拉底這個舵手的指揮，駛入一個全新的世界，沿途的奇妙風光令這個世界百看不厭。

　　柏拉圖確實留給後世一種新藝術形式的樣板，即小說的樣板：小說堪稱地位更高的伊索寓言，在其中詩歌與辯證哲學處於一種類似的秩序中，類似於後來幾個世紀裡這種辯證哲學與神學的關係，即──「奴婢」（ancilla）。此即詩歌的新地位，是柏拉圖在魔鬼般的蘇格拉底的壓力下，把詩歌逐入這個新地位中的。我們再拿第二個例子來看，蘇格拉底是多麼粗暴地對待繆斯藝術。

　　這時，哲學思想的生長壓倒了藝術，迫使藝術緊緊依附於辯證法的主幹上。在邏輯公式中，阿波羅的傾向化成了蛹：正如我們在歐里庇德斯那裡必能感受到某種相應的東西，此外也能感受到戴歐尼修斯元素轉向自然主義的情緒轉化。蘇格拉底，這位柏拉圖戲劇中的辯證法主角，讓我們想起了類似歐里庇德斯主角的本性，後者必須通過理由和反駁來為自己的行為辯護，由此常常陷於喪失我們對悲劇同情的危險中。

　　因為，誰會認不清辯證法本質中的樂觀主義要素呢？──這個要素在每一個推論中，歡慶自己的節日，而且唯有在冷靜的清醒和意識中才能呼吸。這種樂觀主義要素一旦進入悲劇之中，就會漸漸地蔓延開來，使悲劇的戴歐尼修斯區域萎縮，使

悲劇走向自我毀滅──直到它跳進市民戲劇中而走向滅亡。我
們只需來想想蘇格拉底的原理結論：「德性即是知識；唯有出
於無知才會犯罪；有德性者就是幸福者」；在這三種樂觀主義
的基本形式中，蘊含著悲劇的死亡。因為現在，有德性的英雄
必定是辯證法家，德性與知識、信仰與道德之間必定有一種必
然而可見的結合。現在，埃斯庫羅斯的正義解答，淪落為「詩
歌正義」和「解圍之神」[1]這個淺薄而狂妄的原則了。

　　現在，面對這個全新的蘇格拉底樂觀主義舞臺世界，合
唱歌隊以及一般的悲劇中整個音樂和戴歐尼修斯的基礎，將會
如何顯現出來呢？顯現為某種偶然的東西，顯現為某種──儘
管完全可以忽略掉──對悲劇起源的回憶。然而，我們已經看
到，合唱歌隊只能被理解為悲劇和一般悲劇元素的原因。早在
索福克勒斯那裡，就已經顯示出有關合唱歌隊的窘境──一個
重要的標誌是，在他那裡，悲劇的戴歐尼修斯根基已經開始碎
裂了。索福克勒斯再也不敢把獲得戲劇效果的主要任務託付給
合唱歌隊了，而倒是限制了合唱歌隊的範圍，使之顯得幾乎與
演員處於同等的地位上，就彷彿把它從樂池中提升到舞臺上。
而這麼一來，合唱歌隊的本質當然就完全被毀掉了，儘管亞里
斯多德恰好對這種有關合唱歌隊的觀點表示贊同。

1.　詩歌正義（poetische
Gerechtigkeit）：指文學作品
中強調的罪與罰之間的因
素連結。解圍之神（deus ex
machina）的作用之一，就是
要在悲劇結束時確保懲罰和
報應。

　　對於合唱歌隊地位的改變，索福克勒斯至少是用自己的實踐來宣導的，據傳他甚至還寫了一本著作來加以頌揚，但這是合唱歌隊走向毀滅的第一步，而毀滅過程後面諸階段，在歐里庇德斯、阿伽同（Agathon，約西元前445—約西元前400年，古希臘悲劇作家，名聲僅次於三大悲劇詩人）那裡，以及在新喜劇中，以驚人的速度接踵而至。樂觀主義的辯證法用它的三段論皮鞭把音樂從悲劇中驅逐出去了，也就是說，它摧毀了悲劇的本質——這種本質只能被解釋為戴歐尼修斯狀態的一種顯示和形象化的呈現，解釋為音樂的明顯象徵，解釋為一種戴歐尼修斯式的陶醉夢幻世界。

　　可見，如果我們必須假定，甚至在蘇格拉底之前就已經有一種反戴歐尼修斯的傾向，只是在蘇格拉底身上這種傾向獲得了一種空前出眾的表達，那麼，我們就不必害怕這樣一個問題，即：像蘇格拉底這個現象究竟指示著什麼？面對柏拉圖的對話，我們固然不能把這個現象視為一種僅僅消解性的否定力量。蘇格拉底的欲望其直接效果無疑就在於戴歐尼修斯悲劇的瓦解，而蘇格拉底深刻的生活經驗卻迫使我們追問：蘇格拉底主義與藝術之間是否必然地只有一種對立的關係？一個「藝術蘇格拉底」的誕生，究竟是不是某種自相矛盾的東西？

因為對於藝術而言，這位專橫的邏輯學家時而有一種缺失感，一種空虛感，感覺自己必須承受部分責難，也許疏忽了某種責任。正如他在獄中對朋友們說的那樣，他經常做同一個夢，夢裡說的總是同一個意思：「蘇格拉底，去做音樂吧！」直到他生命的最後日子，他都用這樣的想法來安慰自己：他的哲學思考就是最高的繆斯藝術，他並不認為神靈會讓他想起那種「粗鄙的、通俗的音樂」。最後在獄中，為了完全問心無愧，他也勉強同意去做他所輕視的那種音樂。

懷著這種想法，他創作了一首阿波羅頌歌，並且把幾篇伊索寓言改成詩體。驅使他做這些功課的，乃是某種類似於魔鬼（但並非魔鬼）的告誡之聲，那是他的阿波羅式觀點。他就像一個野蠻族的國王，理解不了一個高貴的神的形象，而由於他不能理解，他就有褻瀆神靈的危險。蘇格拉底夢裡的那句話就是一個唯一的標誌，表明他對於邏輯本性界限的懷疑：他一定會問自己，也許我不能理解的東西也未必就是不可理解的東西吧？也許存在著一個智慧王國，而邏輯學家被放逐在外了？也許藝術就是科學的一個必要的相關項目和補充哪！

15

擺 脫 希 臘 人

　　有鑒於上述最後幾個充滿預感的問題，我們現在必須來說
一說，蘇格拉底的影響如何像在夕陽西下時變得越來越巨大的
陰影，籠罩著後世，直到今日乃至於未來；這種影響如何一再
地迫使藝術推陳出新──而且已經是形而上學最廣和最深意義
上的藝術──以及這種無窮盡延伸影響本身如何保證了藝術的
無窮盡發展。在能夠把這一點認識清楚之前，在令人信服地闡
明所有藝術與希臘人（從荷馬到蘇格拉底）的最內在的依賴關
係之前，我們必須像雅典人對待蘇格拉底那樣，來瞭解一下這
些希臘人。

　　幾乎每一個時代和每一個文明階段，都曾經一度憤憤不平
地力求想要擺脫希臘人，因為在希臘人面前，後代人的所有成
就，看起來完全原創和受到真誠讚賞的東西，似乎都突然失去
了光彩和生機，萎縮成失敗的複製品，哪怕是漫畫。而且總是
一再爆發出一種由衷的憤怒，就是對這個膽敢把一切非本土的
東西永遠稱為「野蠻」的傲慢小民族的憤怒：人們要問，這些

希臘人到底是誰？──儘管他們只具有短暫的歷史光輝，只擁有局促得可笑的機制，只具有一種可疑的道德才能，甚至負有卑鄙惡習的醜陋名聲，但他們竟然在各民族當中要求享有人類中天才才能擁有的尊嚴和殊榮。

可惜人們並沒有如此幸運，找到能夠把這種人直接殺掉的毒酒：因為狡黠的嫉妒、惡意的誹謗、沸騰的憤怒所產生出來的全部毒汁，都不足以毀掉那種微笑、自足、從深沉的眼睛裡表露出來的莊嚴。所以在希臘人面前，人們自慚形穢、心生畏懼。除非人們重視真理超過一切，而且也敢於承認這種真理，那就是：希臘人作為駕馭者掌握著我們的文化，也掌握著每一種文化，但馬車的零件總是過於寒酸，配不上駕馭者的光芒，而這些駕馭者就以為，駕著這種破車駛向深淵便是一個玩笑──他們自己就能以阿卡琉斯的跳躍，越過這個深淵。

為了表明蘇格拉底也具有這種駕馭者地位的尊嚴，我們只需認知，他是一種前所未有的典型，即──理論家的典型；而洞察這種理論家典型的意義和目標，就是我們下一個任務。

與藝術家一樣，理論家也對現成事物有一種無限的滿足

感，並且也像藝術家那樣，由於這種滿足感而避免了悲觀主義的實踐倫理，及其只有在黑暗中才閃爍的犀利的「林扣斯之眼」[1]。因為在每一次真理的揭示過程中，藝術家總是以喜悅的目光，停留在那個即便到現在、在揭示之後依然隱蔽的東西上，而理論家則享受和滿足於被揭下來的外殼，以一種始終順利、通過自己的力量就能成功的揭示過程，做為其最高的快樂目標。

倘若科學只關心那位赤裸裸的女神愛西斯（Isis，是埃及人對希臘神話中的狩獵女神戴安娜的稱謂）而不關心其他任何東西，那就不會有科學了。因為若是如此，科學的信徒們的心情，一定會像那些想要直接鑿穿地球的人們：每個人其實都明白，即便盡畢生的最大努力，他也只能挖出這無限深洞裡的一小段，而第二個人的勞作又會在他眼前把他挖的這一小段填補起來，以至於第三個人會覺得，自己要挖洞，最好是自己獨當一面，選擇一個新的挖掘點。如果現在有人能令人信服地證明，透過這個直接的途徑是不能達到目標的，那麼，誰還願意在舊洞裡繼續挖掘呢？除非他這時不滿足於找到寶石或者發現自然規律。因此，最誠實的理論家萊辛便敢於大膽說出，他關注真理的探索甚於關注真理本身。這句話揭示了科學的根本奧

1. 「林扣斯」（Lynkeus）為希臘神話中的人物，相傳有最敏銳的視力，能看到陰間之物。

秘，使科學家們感到驚訝，甚至於大為惱火。萊辛這種個別的
識見，如果不是狂妄自負，也太過於誠實了。

　當然，現在除了這種識見，還有一種首先在蘇格拉底身上
出現的妄想，那種無可動搖的信念堅信：以因果性為指導線索
的思想，能深入到最深的存在深淵，而且思想不僅能夠認識存
在，而且也能夠修正存在。這種崇高的形而上學妄想被當作本
能強加在科學上，並且再三地把科學引向自己的界限，至此界
限，科學就必定會突變成為藝術──換句話說，藝術乃是這一
機制所要達到的目的。

　讓我們現在舉著上面這種思想的火炬，來看看蘇格拉底。
他在我們看來是第一個不僅能憑藉這種科學本能生活，而且
──更有甚者──也能憑藉這種科學本能赴死的人。因此，
赴死的蘇格拉底形象，作為通過知識和認知消除了死亡畏懼的
人，就成了科學大門上的徽章，提醒每個人要牢記科學的使
命，那就是使「此在（Dasein）」[2]顯現為可理解且合理的。誠
然，如果理由不充分，那麼為了做到這一點，最後也就必須用
到神話。剛剛我甚至把神話稱為科學的必然結果，實即科學的
意圖。

2. 此在（Dasein）是海德格
爾在他的巨著《存在與時
間》中提出的哲學概念。
Dasein一詞無法翻譯成中文
的術語，它由兩部分組成：
da（此時此地）和sein（存
有）。為表達da與sein本身
的關係，有時也會譯作「親
在」、「緣在」等等，「此
在」是現在比較通用的譯
名。但當理解此在的時候，
不能將da理解為此時此地，
而是指通過對「存在」的領
會而展開的存在方式。

一旦弄清楚在蘇格拉底這位科學的秘教啟示者
（Mystagoge）之後，各種哲學流派如何接踵而來，像波浪奔騰
一般不斷更替，一種料想不到的普遍求知欲，如何在教養世界
的最廣大領域裡，並且作為所有才智高超者的真正任務，把科
學引向汪洋大海，從此再也無法完全被驅除了。而由於這種普
遍的求知欲，一張共同的思想之網如何籠罩了整個地球，甚至
於帶著對整個太陽系規律的展望；誰如果想起了這一切，連同
驚人地崇高的當代知識金字塔，那麼，他就不得不把蘇格拉底
看作是世界歷史的一個轉捩點和旋渦。

我們來設想一下，為那種世界趨向所消耗的這整個無法
估量的力量之總和，並不是為認知效力的，而是用於個人和民
族的實踐目的，亦即利己目的，那麼，在普遍的毀滅性戰鬥和
持續不斷的民族遷徙中，本能的生活樂趣很可能大大地被削弱
了，以至於自殺成了習慣，個體或許會感受到最後殘留的責任
感，他就像斐濟島上的居民，兒子弒父、友人殺友。這是一種
實踐的悲觀主義，它本身可能出於同情而產生出一種有關民族
謀殺的殘忍倫理——順便提一下，世界上凡是藝術沒有以某種
形式而出現，特別是作為宗教和科學而出現時，用於治療和抵
禦瘟疫的地方，往往就有這種悲觀主義。

　　與這種悲觀主義相對照，蘇格拉底是樂觀主義者的原型，他本著上述對於事物本性的可探究的信仰，賦予知識和認知一種萬能靈藥的力量，並且把謬誤理解為邪惡。在蘇格拉底類型的人看來，深入探究那些根據和理由，把真正的認知與假象和謬誤區分開來，是最高貴甚至是唯一真實的人類天職：恰如自蘇格拉底以降，由概念、判斷、推理所組成的機制，被當作最高的活動和一切能力之上最值得讚賞的天賦而備受重視。甚至最崇高的道德行為，同情、犧牲、英雄主義等情感，以及那種難以獲得的心靈寧靜——即阿波羅式的希臘人所謂的「審慎」（Sophrosyne）。

　　在蘇格拉底及其直到當代的追隨者看來，都是從知識辯證法中推導出來的，從而是可傳授的。誰若親自經驗過一種蘇格拉底式認知的快樂，體察到這種快樂如何以越來越擴大的範圍，力圖囊括整個現象世界，那麼，從此以後，他能感受到的能夠促使他此在的最強烈刺激，莫過於這樣的欲望，即要完成那種佔領並且把不可穿透的知識之網，牢牢地編織起來的欲望。對於有此種心情的人來說，柏拉圖和蘇格拉底就表現為一種全新的「希臘的明朗」和此在福樂形式的導師，這種全新的形式，力求在行動中迸發出來，並且多半是為了最終產生天

才、在對貴族子弟的教育影響當中獲得迸發。

　　但現在，科學受其強烈妄想的鼓舞，無可抑制地向其界限奔去，而到了這個界限，它那隱藏在邏輯本質中的樂觀主義便破碎了。因為科學之圓的圓周線具有無限多個點，至今還看不到究竟怎樣才能把這個圓周完全測量一遍；所以高貴而有天賦的人，還在他尚未達到生命中途之際，便無可避免地碰到這個圓周線的界限點，在那裡凝視那弄不清楚的東西。如果他在這裡驚恐地看到，邏輯如何在這種界限上盤繞著自己，終於咬住了自己的尾巴——於是一種新的認知形式便破繭而出，那就是悲劇的認識，只為了能夠為人所忍受，它就需要藝術來保護和救贖。

　　如果我們用已經得到加強的、靠著希臘人而得到恢復的眼睛來觀看圍繞著我們的這個世界的最高領域，那麼，我們就會發覺，在蘇格拉底身上突出地表現出來的永不饜足的樂觀主義求知欲，已經突變為悲劇性的聽天由命和藝術需求了：誠然，這種求知欲在其低級階段是與藝術為敵的，尤其是必定對戴歐尼修斯悲劇藝術深惡痛絕，蘇格拉底主義對埃斯庫羅斯悲劇的爭鬥就是明顯的例子。

現在，讓我們懷著激動的心情來叩響當代和未來的大門：上面講的這種「突變」將導致天才的不斷新生，確切地說，就是做音樂創作的蘇格拉底的不斷新生嗎？這張籠罩此在的藝術之網，無論冠有宗教之名還是冠有科學之名，將越來越牢固和細密地得到編織呢，還是注定要在現在自命為「當代」的那個動盪不安的野蠻旋渦中，被撕成碎片？我們心懷憂慮，但也不無慰藉，且靜觀片刻，作為沉思者來充當這種種驚心動魄的爭鬥和過渡的見證人。啊！這種鬥爭的魔力就連旁觀者也必須投入戰鬥中！

16
音 樂 的 靈 魂

通過上述的歷史事例，我們力圖弄清楚，悲劇是如何因音樂精神的消失而毀滅的，此事確鑿無疑，恰如悲劇只能從音樂精神中誕生一樣。為了緩和這個異乎尋常性的斷言，也為了指明這種認知的來源，現在我們必須以開放的視野來面對當代的類似現象。我們必須進入到那場爭鬥的中心地帶，正如我剛剛說過的那樣，這場爭鬥就是在我們當代世界的至高領域裡，永不饜足的樂觀主義認知與悲劇性的藝術需要之間的爭鬥。

在這裡，我願意撇開所有敵對的衝動，它們在任何時代裡都是反對藝術的，尤其是與悲劇為敵的，甚至在當代也滿懷勝利信心地四處擴張，結果是在戲劇藝術當中，就只有滑稽劇和芭蕾舞還稍有繁盛跡象[1]，開放出也許並非人人都能感到芬芳的花朵。

我只想來談談悲劇世界觀最顯著的敵人，我指的是以蘇格拉底為鼻祖、從其最深的本質來談屬於樂觀主義的科學。隨

1. 在歐洲，滑稽劇在奧地利劇作家約翰·斯特里（Johann Nestroy，1801－1862年）那裡達到了一定的文學高度，芭蕾舞則是在19世紀發展成一個獨立的藝術樣式的。尼采在這裡顯然參照了理查·華格納在《貝多芬》一文（作於1870年）中關於芭蕾舞的評論。

後，我們也要指出那些勢力，那些在我看來似乎能夠保證悲劇
再生的勢力——它們也許是德意志精神的另一種福樂和希望！

在我們投身於那場爭鬥之前，讓我們先用前面已經獲得的
認知把自己武裝起來。作為任何藝術作品的必然的生命源泉，
人們往往力求根據唯一的原理，把藝術推演出來；跟其他人相
反，我一直關注著那兩位希臘的藝術神祇，就是阿波羅和戴歐
尼修斯，並把他們看作兩個就其至深的本質和至高的目標，來
說各個不同的藝術世界的生動而直觀的表徵。

在我眼裡，阿波羅乃是個體化原則（principium
individuationis）、具有美化作用的天才，唯有通過這個原理才
可能真正地在假象中解脫；另一方面，在戴歐尼修斯的神秘歡
呼聲中，這種個體化的魔力被打破了，那條通向存在之母、通
向萬物最內在核心的道路得以豁然敞開。這樣一種在作為阿波
羅藝術的造型藝術與作為戴歐尼修斯藝術的音樂之間，出現的
巨大的對立，只有一位大思想家（指叔本華）看得清清楚楚，
以至於即便沒有希臘諸神象徵的指導，他也能賦予音樂一種不
同於其他藝術的特徵和起源，因為與其他藝術不同，音樂不是
現象的映象，而是意志本身的映象，因此，音樂表現的是世界

中一切物理因素的形而上學性質，是一切現象的物自體。

　　狹義而言，美學始於在全部美學中最為重要的美學認知。為了強調其永恆的真理性，華格納在這個美學認知上留下了自己的烙印，他在《貝多芬》一文中斷定，音樂是不能根據美的範疇來衡量的，而是要根據完全不同於造型藝術的美學原理來衡量。儘管有一種錯誤的美學，依據一種誤入歧途、蛻化的藝術[2]，習慣於從那個適合於造型藝術的美的概念出發，要求音樂有一種類似於造型藝術作品的效果，亦即──要求音樂能激發出對於美的形式的快感。

　　認知到了那種巨大的對立之後，我強烈認為我們有必要進一步探索希臘悲劇的本質，從而對希臘天才做最出深刻的揭示。因為唯有現在，我才相信自己掌握了魔法，能夠超越我們今日美學的常用術語，把悲劇的根本問題鮮活地置於自己的心靈面前。因此，我得用一種十分獨特的眼光去考察希臘精神，以至於我難免會覺得，那些表現得十分倨傲的古典希臘學，直到現在為止，基本上只知道欣賞皮影戲和瑣碎的外表──只滿足於膚淺的認識而已。

2.　此處「蛻化的藝術」德語原文為「Entartete Kunst」，或譯為「退化藝術」，該說法後來成了國家社會主義用來表示現代藝術的標準術語。

　　要探討上述的原始問題，我們也許可以從如下的問題開始：當阿波羅和戴歐尼修斯這兩種本質不同的藝術力量一併發揮作用的時候，究竟會產生何種審美效果？或者簡言之，音樂之於形象和概念的關係如何？這一點，華格納曾讚揚叔本華做了一種無人能比、清晰而透徹的闡述。叔本華在《作為意志和表象的世界》中對此做了極為詳盡的論述，我們不妨引用整個段落：

　　「根據這一切，我們可以把顯現的世界（或自然）與音樂看作同一事物的兩種不同表現，這同一事物本身就是這兩種表現得以類比的唯一媒介，而為瞭解這種類比，就需要認識這項媒介。因此，如果我們把音樂看作世界之表現，那麼它就是最高級的普遍語言，甚至於這種語言之於概念的普遍關係，如同概念之於個別事物的關係那般。但它的普遍性決不是那種抽象空洞的普遍性，而是完全不同種類的普遍性，是與概念無例外、清晰而明確相聯的。

　　在這一點上，音樂就類似於幾何圖形和數字，後兩者作為一切可能的經驗客體的普遍形式，是先天、可應用於一切客體的；不是抽象、而是直觀和極其明確的。意志所有可能的追

求和激動，人類內心的所有那些過程和經歷，被理性拋入「情感」這個廣大而消極的概念中的一切東西，都可以通過無限可能的旋律表達出來，然而總是以純粹形式的普遍性，而不帶有質料；總是僅僅按照物自體，而不是按照現象，彷彿是沒有形體的現象的最內在的靈魂。

根據音樂對於萬物之真正本質的這種密切關係，我們也可以說明下面這種現象：當一種合適的音樂在某個場景、行動、事件和環境響起時，這種音樂似乎向我們揭示了這些場景、行動、事件和環境最隱秘的意義，表現出對後者最正確和最清晰的註解；同樣地，對於完全醉心於一部交響樂的人來說，彷彿看到了生活和世界中的所有可能事件在自己眼前一幕幕展開。而當他細細尋思時，卻又不能說明這樂曲與浮現在他眼前的事物之間到底有什麼相似之處。

正如前述，音樂與所有其他藝術的區別就在於，音樂不是現象的映象；更正確地說，音樂並不是意志的適當客觀化，而是意志本身的映象。相對於世界上的一切物理因素，它是形而上學性質；相對於一切現象，它是物自體。因此，我們或許可以把世界稱為被形體化的音樂，同樣地也可以把世界稱為被形

體化的意志。

　　由此即可說明，為什麼音樂能立即使現實生活和現實世界的每一個畫面、每一個場景以高度的含義表露出來；音樂的旋律越是與特定現象的內在精神類似，就越是能做到上面這點。基於此，人們才能夠為一首詩配上音樂，使之成為歌，為一種直觀的表演配上音樂，使之成為默劇，抑或為這兩者配上音樂，使之成為歌劇。

　　人類生活的此類個別圖景被配上普遍的音樂語言之後，絕不是一概必然地與音樂相結合或者相符合的；相反地，它們之於音樂的關係，只是某個任意的例子與某個普遍概念的關係而已。它們以現實的確定性來表現音樂以純粹形式的普遍性來表達的那個東西。因為在某種程度上，旋律與普遍概念一樣，都是一種抽象（Abstractum）的現實。現實，也就是個別事物的世界，既為概念的普遍性也為旋律的普遍性提供出直觀的、特殊的和個體，提供出個別的情形。

　　然而，概念的普遍性與旋律的普遍性卻在某個面相互對立。概念僅只包含首先從直觀中抽象出來的形式，彷彿是從事

物身上剝下來的外殼，所以完全是真正的抽象（Abstracta）；與之相反，音樂則給出先於一切形態的最內在的核心，或者說是事物的核心。對於這種關係，我們可以十分適切地用經院哲學家的語言來加以表達，人們說：概念是後於事物的普遍性（universalia post rem），而音樂給出先於事物的普遍性（universalia ante rem），現實則是事物中的普遍性（universalia in re）[3]。但一般而言，一首樂曲與一種直觀表現之間的關係之所以可能，如前所述，是由於兩者只不過是世界的同一個內在本質的完全不同的表達。如果在個別情形下確實存在著這樣一種關係，也就是說，作曲者懂得用音樂的普遍語言來表達構成某個事件之核心的意志衝動，那麼這時，歌曲的旋律、歌劇的音樂就是富有表現力的。

「然而，由作曲家發現的這兩者之間的類似性質，必定出自他對於自己的理性所不能意識到的世界之本質的直接認知，而不可能成為有意的、以概念為仲介的模仿。否則，音樂就不能表達內在的本質，亦即意志本身，而只能不充分地模仿意志的現象；正如所有仿製的旋律所做的那樣」。

根據叔本華的學說，我們可以把音樂理解為意志的語言，

3. 此處三個歐洲中世紀經院哲學術語分別代表著當時唯名論與實在論之爭的三種立場：一是唯名論的立場，認為普遍概念是從感覺經驗中抽象出來的，此即「後於事物的普遍性」（universalia post rem）；一是實在論的立場，認為普遍概念具有一種獨立於或先於事物的實在性，此即「後於事物的普遍性」（universalia ante rem）；第三種是調和的立場，認為概念的內容決定事物，但不能與個別事物的實存相分離，此即「事物中的普遍性」（universalia in re）。

我們感到自己的想像受到了激發，要去塑造那個對我們言說的、不可見卻又十分生動活潑的精神世界，並且用一個類似的實例把它體現出來。另一方面，在真正吻合的音樂影響下，形象與概念便獲得了一種提升的意蘊。

如是看來，戴歐尼修斯藝術通常就會對阿波羅藝術發揮兩種作用。首先，音樂激發對戴歐尼修斯式的普遍性的比喻性直觀；其次，音樂也使得這種比喻性形象以至高的意蘊顯露出來。從這種本身明白可解、用不著深入探討便能通達的事實出發，我推斷出：音樂具有誕生神話的能力，作為最重要的例證，就是能夠誕生出悲劇神話──那是用比喻來言說戴歐尼修斯式認知的神話。借著抒情詩人的現象，我曾說過，在抒情詩人身上音樂如何竭力用阿波羅形象來表明自己的本質。如果我們設想一下，音樂在提升到最高境界時也必定力求達到一種最高的形象化，那麼我們就必須認為，音樂也有可能懂得為自己真正的戴歐尼修斯智慧，找到象徵的表達。而且，除了在悲劇中，一般而言就是在悲劇性（das Tragische）概念中，我們還能到別的地方尋找這種表達嗎？

藝術通常是根據假象和美這個唯一的範疇而被把握的。

從這種藝術的本質中，根本就不可能正當地推演出上面所講的悲劇性；唯有從音樂精神出發，我們才能理解一種因個體之毀滅而生的快樂。因為這樣的毀滅使我們明白戴歐尼修斯藝術的永恆現象，這種藝術表達了那種彷彿隱藏在個體化原理（principium individuationis）背後的萬能意志，表達了超越一切現象、無視一切毀滅的永恆生命。因悲劇性而引發的形而上學的快樂，乃是把本能、無意識的戴歐尼修斯智慧轉換為形象語言：悲劇主角，那至高的意志現象，為了我們的快感而被否定掉了，因為他其實只是現象，他的毀滅並沒有觸動意志的永恆生命。「我們信仰永恆的生命」，悲劇如是呼叫；而音樂正是這種生命的直接理念。

雕塑家的藝術有著一個完全不同的目標：在這裡，阿波羅通過對現象之永恆性的閃亮讚美來克服個體的苦難；在這裡，美戰勝了生命固有的苦難，痛苦在某種意義上受騙上當，離失了自然的特徵。而在戴歐尼修斯藝術及其悲劇性象徵中，同一個自然以其真實的、毫無偽裝的聲音對我們說：「要像我一樣！在永不停息的現象變化中，我是永遠創造性的、永遠驅使此在生命、永遠滿足於這種現象變化的始母！」

神話與科學精神

戴歐尼修斯藝術同樣也要使我們堅信當下的永恆快樂，只不過，我們不應該在現象中尋求這種快樂，而是要在現象背後尋求。我們應當認識到，一切產生出來的東西都必定要痛苦地沒落，我們不得不深入觀察個體實存的恐懼——而我們卻不應該因驚恐而發呆，一種形而上學的慰藉會讓我們暫時掙脫變化形態的喧囂。

在短促的瞬間裡，我們真的成了原始的本身，感受到當下無法遏制的欲望和樂趣；現在我們以為，既然突入生命之中，並且相互衝突的此在形式過於繁多，既然世界意志有著豐沛的繁殖力，那麼，爭鬥、折磨、現象之毀滅就是必須的了。在我們彷彿與當下那種不可估量的原始快樂合為一體時，在我們預感到戴歐尼修斯式的狂喜中的這種快樂堅不可摧和永恆時，在這個瞬間，我們被這種折磨的狂怒鋒芒刺穿了。儘管有恐懼和同情，我們仍然是幸福的生命體，不是作為個體，而是作為一個生命體——我們與它生殖的快樂融為一體了。

　　現在，希臘悲劇的起源史十分明確地告訴我們，希臘人的悲劇藝術作品確實是從音樂精神中誕生出來的。透過這個想法，我們還是相信我們首次公正地論斷合唱歌隊那令人驚訝的原始意義。但同時，我們也必須承認，對於上面提出的悲劇神話的意蘊，希臘詩人們從來都沒有獲得過抽象而清晰的認識，更遑論希臘哲學家們。

　　在一定程度上，他們的主角說的比做的更淺薄；在說出來的話中，神話完全沒有得到適當的客觀化。情景結構和直觀形象揭示了一種更深邃的智慧，一種比詩人本身用話語和概念所能把握的更深的智慧。我們在莎士比亞那裡可以看到同樣的情形，例如，哈姆雷特就在一種類似的意義上，說的比做的更淺薄，結果呢，就是我們不能從話語出發，而只能通過對全劇的深入直觀和綜觀，來獲知前面提到過的哈姆雷特教誨。

　　至於希臘悲劇（當然我們遇見的只是書面劇本），我甚至已經指出，神話與話語之間的那種不一致可能會誘惑我們，讓我們把希臘悲劇看得比它本來所呈現的更為平庸、更加無關緊要。據此也假定，希臘悲劇的效果是比古人所見證的更為淺薄。因為，人們多麼容易忘記，詩人用話語達不到的神話的至

高精神化和理想性，而創造性的音樂家，卻在任何時候都能夠
做到！

　　誠然，我們差不多必須通過學術的道路去重建音樂效果的
優勢，方能感受到真正的悲劇所特有的那種無與倫比的慰藉。
不過，即便是這種音樂優勢，也只有當我們成為希臘人時才能
為我們所感受；而與我們所熟悉的無限豐富的音樂相比，在希
臘音樂的整個發展過程中，我們以為聽到的只不過是音樂天才
以靦腆的力感唱出來的少年之歌。正如埃及的教士們所言，古
希臘人是永遠的孩童，甚至在悲劇藝術方面也只是孩童而已，
他們不知道他們手中的是如何高貴的玩具，後來卻在他們手上
被毀掉了。

　　從抒情詩的開端一直到阿提卡悲劇，音樂精神那種力求形
象和神話揭示的爭鬥愈演愈烈，卻在剛剛達到炙熱時便戛然中
斷了，彷彿從希臘藝術的面相上消失了。不過從這種爭鬥中產
生的戴歐尼修斯世界觀，卻在宗教秘儀中繼續存活了下來，雖
然有極為驚人的變形和蛻化，仍不停地吸引著嚴肅的人們。是
不是有朝一日，它會從其神秘深淵中，重新作為藝術之姿而崛
起呢？

　　在此我們關注的問題是：悲劇因某種勢力的抵抗而破滅，這種勢力是否在任何時候都足夠強大，足以阻止悲劇和悲劇世界觀在藝術上的重生呢？如果說古代悲劇是被追求知識和科學樂觀主義的辯證衝動排擠出自己的軌道，那麼我們從這個事實中或許就可以推斷出，在理論的世界觀與悲劇的世界觀之間有一種永恆的爭鬥；而且只有在科學精神已經推到了極限，其有效性的要求通過對這個極限的證明而被消滅掉之後，我們方可指望悲劇的重生。

　　作為這種文化形式的象徵，我們也許得在前面探討過的意義上舉出想做音樂的蘇格拉底。在這樣一種對照中，我們把科學精神理解為那種首先在蘇格拉底身上顯露出來的信仰，即對自然之可探究性的信仰和對知識萬能功效的信仰，意即：自然是可知的，知識是萬能的。

　　誰若能回想起這種無休止地向前突進的科學精神的直接後果，就會立即想到，神話是怎樣被這種科學精神消滅掉的。而由於這種消滅，詩歌又是怎樣被逐出它那自然的、理想的家園，從此變成無家可歸了。如果我們有理由判定音樂具有重新從自身中誕生出神話的力量，那麼我們也必須在科學精神與這

種創造神話的音樂力量敵對起來的軌道上，來尋找科學精神。

這種情況發生在新的阿提卡酒神頌歌[1]的發展過程中，後者的音樂就不再表達內在本質，也不再表達意志本身，而只是在一種以概念為媒介的模仿中，將現象不完全地再現出來——真正的音樂天才厭惡並且迴避這種內部已經蛻化的音樂，就像他們厭惡那種扼殺藝術的蘇格拉底傾向一樣。

當阿里斯托芬以同樣的憎恨之情來概括蘇格拉底本人、歐里庇德斯的悲劇與新酒神頌歌詩人的音樂，並且在所有這三個現象中嗅到了一種墮落文化的標誌時，他那確鑿有力的直覺無疑是抓住了正確的東西。這種新酒神頌歌以一種褻瀆的方式把音樂弄成現象的類比性畫作，例如一次戰役、一場海上風暴的畫像，完全剝奪了音樂創造神話的力量。

如果音樂只是強迫我們去尋找，某個生命和自然事件與音樂的某些旋律形態和獨特聲音之間的外在相似性，力圖借此來激發我們的快感，如果我們的理智只能滿足於對於此類相似性的認知，那麼，我們就降格到一種不可能孕育神話元素的情緒之中；因為，神話只能被直觀地感受，是無止境凝視的普

遍性和真理性的唯一例子。真正的戴歐尼修斯音樂是作為世界
意志的一面普通鏡子出現在我們面前：對我們來說，在這面鏡
子上折射出的那個生動事件，立即就擴展為某種永恆真理的映
象。相反地，通過新酒神頌歌的音響圖畫，這樣一個生動事件
就立即被剝奪了任何神話特徵；現在，音樂就成了現象的貧乏
映象，因此要比現象本身貧困得多——由於如此的貧乏，對我
們的感受而言，音樂還讓現象本身降格了，以至於現在用這種
音樂來類比的戰役，無非僅是喧鬧的進行曲、軍號聲等等之
類，我們的想像正好被固定在這等膚淺的俗物上。因此在各個
方面，這種音響圖畫都是真正的音樂那種創造神話力量的對立
面，透過這種音響圖畫，現象變得比它本身更加貧乏；而通過
戴歐尼修斯音樂，個別現象得到豐富，擴展為世界圖景了。

　　在新酒神頌歌的發展過程中，非戴歐尼修斯精神使音樂疏
離於自身，並且把音樂貶降為現象的奴隸——此乃非戴歐尼修
斯精神的巨大勝利。正是基於這個原因，歐里庇德斯，一個必
須在更高意義上被稱為完全非音樂的人物，成了新酒神頌歌音
樂的熱烈擁護者，並且以一個強盜的慷慨來揮霍這種音樂所有
的效果和手段。

　　但如果我們把目光轉向索福克勒斯以來，悲劇中不斷增加的性格描寫和精美的心理刻劃，我們就能看到這種反神話的非戴歐尼修斯精神在發揮作用。人物性格再也不能被擴大為永恆的典型了，相反地，應當通過對次要特徵和細微差別的藝術表現，通過一切線條的極精妙的確定性，使人物性格產生個體化的作用，從而使得觀眾竟再也感受不到神話，而倒是感受到強大的自然真理和藝術家的模仿力。

　　即便在這裡，我們也發覺現象戰勝了普遍性，以及那種對於具體、可以說解剖標本的興趣，我們已經呼吸到一種理論世界的空氣，對於這個世界而言，科學認知高於藝術對某個世界法則的反映。這種偏重性格描寫的傾向快速地推進：如果索福克勒斯還在描繪全部的人物性格，為了人物性格獲得精妙的展開而去駕馭神話，那麼，歐里庇德斯就只能描繪那些善於在激情暴發時表現出來的重大、個別的性格特徵了；而在阿提卡新喜劇中，就只剩下一種表情的面具，輕率的老人、受騙的皮條客、狡猾的奴隸，且不厭其煩地反覆出現。

　　構成神話的音樂精神，如今去了哪裡？現在音樂中還殘留下來的，要麼是刺激的音樂，要麼是回憶的音樂，也就是說，

若非是刺激遲鈍衰弱神經的興奮劑，那就是音響圖畫了。對於前者來說，所配的歌詞差不多沒什麼要緊的：歐里庇德斯的主角和合唱歌隊剛開始唱歌，就已經相當放蕩了；在歐里庇德斯那裡就已如此，他那幾個無恥的追隨者還能把事情弄到何等田地呢？

然而，這種新的非戴歐尼修斯精神卻在新戲劇的結局上表現得最為清晰。在舊悲劇中，結尾處總能讓人感覺到一種形而上學的慰藉，若沒有這種慰藉，對於悲劇的快感就根本無從解釋；也許在《俄狄浦斯在柯洛諾斯》中最純粹地傳來另一個世界的和解之聲。現在，音樂天才已經從悲劇中逃之夭夭了，嚴格來說，悲劇已經死了，而我們現在應該從哪裡吸取這種形而上學的慰藉呢？

人們開始在塵世中尋求辦法，以解決悲劇中的不和諧。悲劇主角在飽受命運的折磨之後，終於在美滿的姻緣、神性榮耀的見證中獲得了應得的報償。悲劇主角變成了鬥士，在他受盡折磨遍體鱗傷之後，人們偶爾會賜給他自由。解圍之神（Deux ex machina）代替了形而上學的慰藉。

我並不想說，悲劇世界觀處處都完全被這種咄咄逼人的非戴歐尼修斯精神摧毀；我們只知道，悲劇的世界觀不得不逃離藝術，彷彿潛入冥界之中，經歷了一種隱秘的蛻化。在希臘本質表層的廣大領域裡，非戴歐尼修斯精神那種消耗一切的氣息，以「希臘式的明朗」形式表現，大舉肆虐——對此，我們前面已有探討，我們說它是老邁而毫無生產能力、只重當下的一種樂趣。這種明朗乃是更古老的希臘人那種莊麗的「樸素性」的對立面，按照我們給的特性刻劃，它應當被當作一朵幽暗的深淵裡生長出來的阿波羅文化的花朵，希臘意志通過其美的反映，獲得對苦難和苦難智慧的勝利。

另一種形式的「希臘式的明朗」，即亞歷山大 [2] 式的明朗，其最高貴的形式乃是理論家的明朗：它顯示出我剛剛從非戴歐尼修斯精神中推演出來的那些特徵和標誌——它與戴歐尼修斯的智慧和藝術作爭鬥，力求消解神話，它要取代形而上學的慰藉，代之以一種塵世的和諧，即一種特有的「解圍之神」——即機械和熔爐之神，效力於更高的利己主義；它相信知識能夠校正世界，科學能夠指導生活，它也確實能夠把個體吸引到可解決任務的最狹小範圍內——在此範圍內，它明快地對生命說：「我要你，你是值得認識的。」

2. 亞歷山大：指埃及的希臘城邦亞歷山大，在西元前3世紀成為希臘世界的文化中心。尼采把亞歷山大視為蘇格拉底傾向的勝利，是與西元前5世紀以阿提卡悲劇為代表的雅典文化成就相對立的。

悲劇・文化

　　這是一個永恆的現象：貪婪的意志總是在尋找某種手段，透過一種籠罩萬物的幻景，使它的造物持守在生命中，並且迫使它們繼續存活下去。有人受縛於蘇格拉底的求知欲，以及那種以為通過知識可以救治永恆的此在創傷的妄想；也有人迷戀於在自己眼前飄動的誘人的藝術之美的面紗；又有人迷戀那種形而上學的慰藉，認為在現象旋渦下面永恆的生命堅不可摧，生生不息——姑且不論意志在任何時候都準備好了的那種更為普遍、幾乎更為有力的幻景。

　　基本上，上面三種幻景等級只適合於品格高貴的人，這等人物畢竟能以更深的不快和反感來感受此在的重負和艱難，並且不得不通過精選的興奮劑來對自己隱瞞這種不快和反感。這種興奮劑構成我們所謂的「文化」的全部成分。按照混合的比例，我們有一種主要為理論或藝術或悲劇的文化；抑或，如果可以用歷史的例證，那就會有一種亞歷山大文化，或者一種希臘文化，亦或者一種婆羅門[1]文化。

1.　婆羅門為古印度種姓制度中四大種姓之第一等級。

我們整個現代世界全盤陷於亞歷山大文化之網中，被它奉為理想者，是具備最高認知能力、為科學效力的理論家，而蘇格拉底正是這種人物的原型和始祖。我們所有的教育手段原本只關心這樣一個理想：其他一切實存形式都只能在一旁進行艱苦的戰鬥，作為被允許的實存，而不是作為被預期的實存。長期以來，在一種近乎恐怖的意義上，人們只在學者形式中尋找有教養者；即便我們的詩歌藝術也必定是從博學的模仿中發展起來的，而且在韻律的主要效果上，我們還認知到，我們的詩歌形式起於那種藝術的試驗，即對一種非鄉土、真正學究的語言的藝術試驗。

對於一個道地的希臘人來說，浮士德這個本身不難理解的現代文化人，必定會顯得多麼不可思議，這個永不滿足地埋頭鑽研各門科學、由於求知的衝動而獻身給魔術和魔鬼的浮士德，只要把他與蘇格拉底作一番對照，我們就會知道，現代人開始預感到這種蘇格拉底式求知欲的界限，要求從浩瀚蒼茫的知識大海回到岸上來。歌德有一次談到拿破崙時對愛克曼（Eckermann，1792—1854年，德國詩人、散文家）說道：「是的，我的朋友啊，也有一種行為的創造性呢。」當歌德講這番話時，他是以一種優雅而樸素的方式提醒我們：對於現代人來

說，非理論人是某種可疑又可怕的東西，以至於人們需要有歌德的智慧，才能夠發現，這種令人詫異的實存方式也是可以理解的，甚至是可以被原宥的。

現在，我們可不能迴避這種蘇格拉底文化內部隱藏著的東西，那就是自以為永無限制的樂觀主義！若要說現在這種樂觀主義的果實成熟了，社會完全徹底地受到這樣一種文化的侵蝕，漸漸地在狂熱和欲望的支配下顫抖，對於塵世萬民皆幸福的信仰，對於這樣一種普遍知識文化之可能性的信仰，漸漸地轉變為對這樣一種亞歷山大式的塵世幸福的迫切要求，轉變為對歐里庇德斯的「解圍之神」的懇求，那麼，我們就不要大驚小怪了！

我們應該注意到：亞歷山大文化需要有一個奴隸階層，方能持久生存下去：但由於這種文化持有樂觀主義的此在觀點，它便否定這個奴隸階層的必要性，因此，一旦它關於「人的尊嚴」和「勞動榮耀」之類美妙動人的誘惑之語和安慰說辭失去了效力，它就會面臨一種駭人的毀滅。最可怕者莫過於一個野蠻的奴隸階層，後者已經學會了把自己的生存視為一種不公和過失，準備不光要為自己、而且要為世世代代復仇。對這種

嚇人的風暴，誰膽敢鼓起勇氣，呼籲我們那蒼白而疲乏的宗教呢？我們的宗教本身已經在根基上蛻化為學者宗教了，以至於作為任何宗教的必要前提的神話，已經全方位癱瘓了，即便在這個神話領域裡，那種樂觀主義精神也占了上風——我們上面剛剛把這種樂觀主義精神稱為我們社會的毀滅種子。

當潛伏於理論文化核心處的災禍漸漸開始令現代人感到恐懼時，現代人不安地從自己的經驗寶庫裡搜索逃避危險的手段，而他們自己其實都不太相信這些手段，因而開始預感自己的結果：這時候，有一些氣度恢宏的偉大人物，以一種讓人難以置信的審慎態度，已經以善於利用科學武器本身去闡明一般認知的界限和條件，從而斷然否定科學的普遍有效性和普遍目的性的要求。藉著這種證明，人們首次認識到，那種自以為借助於因果就能夠深入探究事物的最內在本質的看法，只不過是一種幻想而已。

康德和叔本華的巨大勇氣和智慧獲得了最艱難的勝利，那就是戰勝了隱藏在邏輯本質中的、構成我們文化根基的樂觀主義。如果說這種樂觀主義依靠它毫不懷疑的「永恆真理」（aeternae veritates），相信一切世界之謎都是可認知和可探究

的，並且把空間、時間、因果關係當作完全無條件的普遍且有效的規律，那麼，康德則向我們揭示，所有這些範疇的真正用途，只不過是把單純的現象，即摩耶的作品，提升為唯一和最高的實在性，以此來取代事物最內在和真實的本質，而且由此使關於事物的真正認識變得不可能了，用叔本華的一個說法，那就是讓做夢者睡得更死了（引述自《作為意志和表象的世界》）。

這種認知開創了一種文化，我大膽稱之為悲劇文化：其最重要的標誌就在於，用智慧取代作為最高目標的科學，不受科學種種誘惑的欺騙，用冷靜的目光轉向世界的總體圖像，力圖以同情的愛心將其中的永恆痛苦當作自己的痛苦來掌握。

讓我們來想像一下正在茁壯成長的一代人，他們有著這種無所懼怕的目光，他們有著這種直面兇險的英雄氣概；讓我們來想像一下這些屠龍勇士的剛毅步伐，他們壯志凌雲，毅然抗拒那種樂觀主義的所有虛弱教條，力求完完全全「果敢地生活」——那麼，這種文化的悲劇人物，在進行自我教育以培養嚴肅和畏懼精神時，豈非必定要渴求一種全新的藝術，一種具有形而上學慰藉的藝術，把悲劇當作他自己的海倫來渴求嗎？

他豈非必定要跟浮士德一道高呼：

我豈能不以無比渴慕的強力，

讓那無與倫比的形象重現生機？

——————歌德，《浮士德》

然而，既然蘇格拉底文化受到了動搖，只能用顫抖的雙手抓住它那不容置疑的權杖，一方面是由於害怕它自己的結果，對此它終於開始有所預感了，另一方面是因為它自己再也不是懷著先前那種天真的信賴，堅信自身根基的永恆有效了，於是出現了一個悲哀的景象：它那思想的舞蹈如何總是渴慕地衝向新的形象，要去擁抱新的形象，爾後突然又驚恐地拋棄了她們，如同靡菲斯特拋棄了誘惑的拉彌亞一般（引自歌德的《浮士德》）。

這確實是那個「斷裂」的標誌，人們通常都把這個「斷裂」說成現代文化的原始苦難。理論家對自己的結果感到害怕和不滿，再也不敢把自己託付給可怕的此在冰河了，只好憂心忡忡地踟躕於岸邊。他再也不想求全，也不想完全分享事物的所有殘酷。就此而言，是樂觀主義的觀點把他弄得如此柔弱不

堪。此外，他還感到一種在科學原理基礎上建造起來的文化，一旦開始變成非邏輯的，即開始逃避自己的結果，那它就必定要毀滅。

我們的藝術揭示了這種普遍困境：人們徒然地模仿所有偉大的創造性時期和創造性人物，為了安慰現代人，人們把全部的「世界文學」[2]集中到現代人身邊，把他們置於所有時代的藝術風格和藝術家中間，好讓他們像亞當命名動物一樣來給所有藝術風格和藝術家取名字：然則他們仍然是永遠的餓鬼，是毫無樂趣、毫無力量的「批評家」，是亞歷山大式的人物，根本上就是一些圖書館員和校勘者，可憐地讓書上的灰塵和印刷錯誤弄得雙目失明。

2.「世界文學」（Weltlitteratur）在詩人歌德在與愛克曼的談話中首次提出，時為1827年1月31日。

19

歌 劇 的 錯 誤

我們若要把這種蘇格拉底文化的核心內涵描述清楚，最好的做法莫過於把它命名為歌劇文化了[1]，因為在歌劇領域裡，這種文化以其特有的天真表達了自己的意願和認知；如果我們把歌劇的起源和歌劇發展的事實，與阿波羅因素和戴歐尼修斯因素的永恆真理放在一起加以對照，我們就將大感驚奇。

首先我要提醒讀者注意抒情調和宣敘調[2]的形成過程。誰會相信，在帕萊斯特里那[3]那種無比崇高和神聖的音樂剛剛興起的時代裡，人們竟能狂熱地接受和愛護這種完全外化、說不上虔誠的歌劇音樂，彷彿那就是真正音樂的復活。另一方面，誰會把如此迅速地蔓延開來對歌劇的興趣，一昧地歸咎於那些佛羅倫斯人的享樂癖和他們那些戲劇歌手的虛榮心呢？在同一個時代，甚至在同一個民族裡，與整個基督教中世紀都參與建造的帕萊斯特里那和聲的拱形建築一起，同時也出現了那種對於半調子音樂語調的熱情——對於這一點，我只能根據一種在宣敘調的本質中一起發揮作用的藝術之外的傾向來加以解釋了。

1. 尼采把歌劇視為蘇格拉底理論文化的現代形式。歌劇出現於16世紀後期的義大利佛羅倫斯，一般認為第一部偉大的歌劇作品是蒙特威爾第的《奧菲歐》（1607年）。

2. 「抒情調」（stilo rappresentativo）也叫「詠嘆調」，是歌劇中的獨唱段落，是歌劇中最重要的歌唱形式；「宣敘調」（Recitativ）是一種近於朗誦、用來陳述劇情的樂調。

3. 帕萊斯特里那（Palestrina，約1525－1594）：義大利教會音樂作曲家。通常被認為是古典音樂的第一個大作曲家。

聽眾想要聽清楚歌詞，歌手就要來滿足他的願望，其做法是多說少唱，在伴唱中加強充滿激情的詞語表達。透過這種激情的加強，歌手就使歌詞變得容易理解了，就克服了剩下的一半音樂。真正威脅歌手的危險在於，有時他不合時宜地過分強調音樂，就必定會立即毀了話語的激情和歌詞的清晰性；另一方面，他往往感到有一種衝動，要通過音樂來發洩，要嫻熟地展示他的歌喉。

這時「詩人」就來幫他的忙，「詩人」知道怎麼為他提供足夠的機會，讓他使用抒情的感歎詞，重複一些詞語和句子，等等，在這些場合，歌者非常可能處於純粹音樂的元素中，而沒有顧及歌詞。富有情感而有力、但只是伴唱的話語，與那種合乎抒情調本質的全唱的感嘆詞相互交替，這種交替，這種迅速變換的努力——時而要本著概念和觀念，時而要根據聽眾的音樂基礎來工作——是某種完全不自然的東西，是同樣十分內在與戴歐尼修斯和阿波羅的藝術衝動相互矛盾的，以至於我們必須推斷出，宣敘調的起源處於全部藝術本能之外。

根據這種描述，就可以把宣敘調界定為史詩朗誦與抒情詩朗誦的混合，絕不是內在穩定的混合（那是兩個完全分離的

事物是不可能達到的），而是極其表面化的馬賽克式的鑲嵌黏
合——這種情況在自然界和經驗領域裡是完全沒有範例的。然
而這並不是那些宣敘調發明者的看法；相反地，他們自己以及
他們的時代倒是相信，通過抒情調，古代音樂的奧秘已經解開
了，唯據此才能解釋俄爾浦斯與安菲翁[4]的巨大影響，其實也就
是希臘悲劇的巨大影響。

　　這種新風格被視為是最有效果的音樂與古希臘音樂的復
甦。的確，按照一般大眾化的觀點，荷馬世界乃是原始世界，
有了這種觀點，人們就可以沉浸於那個夢想中，以為現在又進
入天堂般的人類開端中了，在其中，音樂必然具有那種無可超
越的純粹性、權能和無辜——那是詩人們在他們的牧歌中十分
動人地敘述過的。

　　確實我們也立即發現歌劇處於與牧歌的最緊密結合中：我
們從那一流歌劇中認識到的東西——後來詠嘆調之於宣敘調的
關係，有如抒情（調）中音樂重音與宣敘調的關係。可見這種
對立被普遍化了。歌者在詠嘆調中引人注目，而在別處他只是
作為莊重的朗誦者而出現。在這裡，我們看到了歌劇這種真正
現代的藝術種類最內在的生成過程：一種強大的需要喚起一種

4.　安菲翁（Amphion）：
希臘神話中主神宙斯的兒
子，以豎琴的魔力建造了底
比斯城。

藝術，但那是一種非審美的需要──對田園生活的渴望，對藝術和善良的人類的一種遠古生存方式的信仰。

　　宣敘調被視為那種原始人類重新發現的語言；歌劇被視為那種田園式或者英雄式的美好人類重新找到的國度──這種美好人類同時在其所有的行為中都是藝術家。他在碰到他必須言說的一切東西至少都要唱些什麼，在情感稍有波動時就立即開始高歌。當時的人文學者用這種新創的天堂般的藝術家形象，來反對教會關於本身腐化墮落者的老觀念，這種情況對於今天的我們來說是無關緊要的；但如此一來，歌劇就得被理解為關於好人的對立信條，而有了這個信條，同時也就找到了一個對付悲觀主義的安慰手段──恰巧是那個時代嚴肅的思索者，鑒於所有狀況的可怕不確定性，而強烈地被引向了悲觀主義。

　　我們今天只需要認識到，這種新的藝術形式的真正魔力及其起源，就在於滿足一種完全非審美的需要，在於對人類本身的樂觀讚美，在於把原始人理解為天性善良和富有藝術氣質的人類。這個歌劇原則漸漸轉變成了一個咄咄逼人的駭人要求──有鑒於當代的社會主義運動，我們再也不能對這個要求充耳不聞了。「善良的原始人」要求自己的權利：那是何等天堂

般的前景啊！

除此之外，我還要端出一個同樣十分清晰的證明，來證明我的下列觀點：歌劇建立在與我們的亞歷山大文化相同的原則上。歌劇乃是理論家、外行批評家的產物，而非藝術家的產物──這是所有藝術史上最令人詫異的事實之一。首先必須弄懂歌詞，這基本上是毫無音樂修養的觀眾的要求。結果只有當人們發明了某種唱法，其歌詞能支配對位法，有如主人支配僕人一般，這時候才能指望音樂藝術的重生。因為正如靈魂比身體更高貴，歌詞要比伴奏的和聲系統高貴得多。在歌劇開端之際，人們就是按照不懂音樂的外行的這種粗糙的見解來處理音樂、形象與歌詞之間的聯繫；也是在這種美學意義上，在佛羅倫斯上流社會的外行人圈子裡，那些受庇護的詩人和歌手們開始了最初的試驗。

這些無能於藝術創作的人為自己製造了一種藝術，恰好是由於他們本身是毫無藝術修養的人。因為他們不能揣度戴歐尼修斯音樂的深邃之處，所以就把音樂欣賞轉變為抒情調的激情的合乎理智的詞語和聲音修辭，轉變為歌唱藝術的快感；因為他們不能看到任何幻景，所以就強迫機械師和佈景師為他們效

力；因為他們不知道怎麼把握藝術家的真正本質，所以就按照
自己的趣味變戲法，變出「藝術的原始人」來，也就是那種用
激情歌唱和用韻文講話的人。

他們夢想自己進入了一個時代，這個時代的激情足以誕
生歌和詩：彷彿曾經有能力創造出某種藝術似的。歌劇的前提
是一種關於藝術過程的錯誤信念，也就是那種田園牧歌式的信
念，即相信每一個有感覺能力的人根本上都是藝術家。根據這
種信念，歌劇就成了藝術外行的表達，藝術外行用理論家那種
快樂的樂觀主義，來強力推行自己的法則。

倘若我們希望把上面描寫過的在歌劇產生過程中起作用的
兩個觀念整合在一個概念上，那麼我們只能說，那是歌劇的牧
歌傾向：在這裡我們只需要動用席勒的說法和解釋。席勒曾經
說過，自然與理想要麼是哀傷的對象，要麼是快樂的物件——
當自然被表現為失落的概念，而理想被表現為未達到的概念
時，兩者就是哀傷的物件；而當兩者被設想為現實的概念時，
它們就是快樂的物件。第一種情況提供了狹義的哀歌，而第二
種情況則產生出最廣義的牧歌。

在這裡，我們要立即提醒注意的是，在歌劇發生過程中那兩個觀念的共同特徵，即：在這兩個觀念當中，理想沒有被感受為未達到的，而自然也沒有被感受為失落的。按這種感受來看，曾經有過一個人類的原始時代，當時，人類置身於自然的心臟中，並且在這種自然狀態中同時達到了人性的理想，處於一種天堂般的美好善意和藝術氛圍之中。我們全都來源於這種完美的原始人，其實我們至今依然是他們的忠實肖像，只不過，我們必須自願性地放棄多餘的博學和過於豐富的文化，藉此拋掉我們身上的某些東西，才能重新認識自己的這種原始人本色。

文藝復興時期有教養的人通過歌劇來模仿希臘悲劇，由此使自己回歸自然與理想的這種和諧，回歸一種田園牧歌式的現實，他們就像但丁利用維吉爾那般來利用希臘悲劇，方得以被引向天堂之門。而他們從這裡出發還繼續獨自前進，從一種對最高的希臘藝術形式的模仿，過渡到「對萬物的恢復」，過渡到對人類原始藝術世界的仿製。

在理論文化的懷抱裡，這些大膽的追求有著怎樣的信心和善意啊！對於這點，我們只能根據下面這種具有慰藉作用的信

念來解釋，即相信「人本身」是永遠有德性的歌劇主角，是永遠吹笛或歌唱的牧人，如果他在某個時候真的喪失了自己，到最後總是一定能找回自己；這個「人本身」是樂觀主義的唯一果實，有如一股甜蜜誘人的芳香，這種樂觀主義是從蘇格拉底世界觀的深淵裡升騰而起的。

可見，歌劇的特徵絕不帶有對於一種永遠喪失的哀痛，而倒像是有著一種對於重獲的歡欣，對於田園牧歌式現實的愜意樂趣，在任何時候，人們至少會把這種田園牧歌式的現實設想為是真實的。

也許有朝一日人們會揣度，這種臆想的現實無非是一種幻想的愚蠢遊戲，每一個能夠以真實自然的可怕嚴肅來衡量它、把它與人類開端的原始場景相比較的人，都必定會厭惡地對它大聲呵斥：滾開，你這個幽靈！儘管如此，倘若人們以為只要大喊一聲，就能像趕跑鬼怪一樣斥退歌劇這種戲耍的貨色，那你就弄錯了。誰想要消滅歌劇，他就必須與那種亞歷山大式的明朗爭鬥，這種明朗十分天真地用歌劇來談論它所喜愛的觀念，其實歌劇就是這種明朗的真正藝術形式了。可是，這種藝術形式的起源根本不在審美領域裡，而倒是從一個半調子的道

德範圍潛入到藝術領域裡的，只能偶爾向我們隱瞞它的這種雜交來源。

如此，對於藝術本身來說，我們能指望這種藝術形式發揮出什麼樣的作用呢？若不是從真正的藝術中汲取汁液，這種寄生的歌劇還能從哪裡獲得養分呢？難道我們不可以推測，受到田園牧歌的誘惑，在其亞歷山大式的諂媚術影響下，藝術那種堪稱真正嚴肅的至高使命──使肉眼擺脫對黑夜之恐怖的注視，通過假象的療癒之藥把主體從意志衝動的痙攣中挽救出來──就會蛻化為一種空洞而渙散的娛樂傾向？

在我討論抒情調之本質所闡發的這種混合風格中，戴歐尼修斯因素和阿波羅因素的永恆真理會變成什麼呢？在那裡，音樂被視為奴僕，歌詞被視為主人，音樂與肉體並論，而歌詞與靈魂並論；在那裡，最高目標充其量只能指向一種描述性的音響圖畫，類似於從前在阿提卡新酒神頌歌中的情況一般；在那裡，音樂的它，已經完全疏離了自己作為戴歐尼修斯世界鏡子的真正尊嚴，以至於作為現象的奴僕，只能去模仿現象的形式本質，用線條和比例的遊戲來激發一種淺薄的快感。

嚴格地審度一番，我們就會看到，歌劇對於音樂的這種致命的影響，是直接與現代音樂的整個發展相合的；在歌劇的發生過程以及由歌劇所代表的文化本質中，潛伏的樂觀主義以駭人的速度成功地剝奪了音樂，使其失去了自己的戴歐尼修斯式的世界使命，並且賦予它一種玩弄形式、娛樂性的特徵——這種變化，也許只有從埃斯庫羅斯的悲劇人物轉向亞歷山大的明靜人物，才能與之相比擬。

然而，如果在上述的例證中我們已經正確地把戴歐尼修斯精神的消失與希臘人那種極其顯眼、但至今未經解釋的轉變和蛻化聯繫起來了，那麼，若有一些極其可靠的徵兆向我們擔保，在我們當代世界裡將出現一個相反的過程，即戴歐尼修斯精神的逐漸甦醒，則我們心中一定會重新燃起何種希望啊！赫拉克勒斯的神性力量是不可能永遠在為翁法勒[5]的繁重勞役中衰退的。

從德國精神的戴歐尼修斯根基中，已然升起了一種勢力，它與蘇格拉底文化的原始前提毫無共同之處，既不能根據這種文化來解釋，也不能根據這種文化來開脫自己，相反地，它倒是被這種文化當作恐怖而無法解釋的東西、當作超強而敵對的

5. 翁法勒（Omphale）：希臘神話中呂狄亞女王。赫拉克勒斯曾被罰給翁法勒為奴三年，在服役中成了女王的情人。

東西——那就是德國音樂，我們要先從巴哈到貝多芬，從貝多芬到華格納的強大而輝煌的歷程中，來理解德國音樂。我們今天渴求知識的蘇格拉底主義，在最佳情形下，又能拿這個從永不枯竭的深淵中升起的魔鬼怎麼辦呢？無論是從歌劇旋律的脈衝運動和華麗裝飾出發，還是借助於賦格曲和對位辯證法的計算表，我們都找不到一個公式，以它的三倍強光降服那個魔鬼，並且強迫這個魔鬼開口說話。

如今，我們的美學家們拿著他們特有的「美」的羅網，去追捕那個帶著不可捉摸的生命在他們面前嬉耍的音樂天才，其動作既不能根據永恆的美來評判，也不能根據崇高來評判——這真是一齣好戲哪！我們只需親自到近處看一看，當這些音樂贊助人不知疲倦地高喊「美哉！美哉！」時，他們看起來是否真的像在美的懷抱中受過教養和疼愛的自然之寵兒，抑或他們倒是要為自己的粗野尋找一個騙人的掩蓋形式，為自己缺乏感情的平淡無味尋找一個美學的藉口：在此我想到奧托・雅恩（Otto Jahn，1813—1859，德國古典學家和語言學家），他是個好例子。不過，但願這個騙子和偽善者小心提防德國音樂——因為在我們的所有文化中，德國音樂恰恰是唯一純粹、純淨、具有淨化作用的火之精靈，正如偉大思想家赫拉克利特[6]

6. 赫拉克利特（Heraklit，約西元前540－西元前470年）：希臘前蘇格拉底時期的思想家，出生於小亞細亞伊奧尼亞地區的以弗所城邦。

的學說所講的，萬物以雙重的迴圈軌道運動，來自火又回歸於火。今日我們所謂的一切文化、教化、文明，有朝一日必將出現在戴歐尼修斯面前，接受這位可靠的法官的審判！

現在讓我們來回想一下，對於來自相同源泉的德國哲學精神來說，康德和叔本華已經使之有可能通過證明科學蘇格拉底主義的界限，消滅了後者那種自滿自足的此在快感，又通過這種證明，開創了一種關於倫理問題和藝術無比深刻而嚴肅的探索，對於這種探索，我們可以直接把它稱為用概念來表達的戴歐尼修斯智慧——德國音樂與德國哲學之間的這種統一性的奧秘，若不是把我們引向一種新的此在形式，還能把我們指向何方呢？而關於這種新的此在形式的內涵，我們眼前就只能根據希臘的類比來予以揣度和瞭解了。因為希臘的楷模為我們，為站在兩種不同的此在形式的分界線上的我們，保存著這種無法測度的價值，那就是，在這個楷模身上，所有那些過渡和爭鬥也都清楚地形成一種經典的、富有教育意義的形式了。只不過，我們現在彷彿是要以相反的次序，以類比方式來經歷希臘本質的各個偉大的主要時代，例如現在就要從亞歷山大時代退回到悲劇時代。

　　這時我們心中就會產生一種感覺，彷彿一個悲劇時代的誕生，對於德國精神來說只能意味著向自身的回歸，只能意味著幸福地重獲自身——既然長期以來，從外部侵入的巨大勢力迫使在無助的形式野蠻狀態中得過且過的人們，走向了一種受其形式支配的奴役狀態。現在，在返回到自己的本質源泉之後，德國精神終於可以無需羅馬文明的帶領，敢於在所有民族面前勇敢而自由地闊步前進了。如果說德國精神懂得努力不懈地只向一個民族學習，那就是向希臘人學習，而能夠向希臘人學習，已經是一種崇高的榮耀，一種出眾的珍品了。而如今，我們正在體驗和經歷悲劇的重生，而且我們正處於既不知道它從何而來又不明白它意欲何往的危險中，還有比現在更需要這些無比高明的導師的時刻嗎？

20
向 希 臘 人 學 習 ？

　　有朝一日，終會有一個公正的法官來做出考量：在以往哪個時代、在哪些人身上，德國精神曾竭盡全力向希臘人學習。倘若我們滿懷信心地假設，我們必須把這種獨一無二的讚揚判歸給歌德、席勒、溫克爾曼那場極為高貴的文化爭鬥，那麼，我們無論如何都要補充一點：自他們那個時代以來，在那場鬥爭的直接影響下，在相同軌道上獲致教化和回歸希臘人的努力，不可思議地越來越衰弱了。為了讓我們不至於對德意志精神產生完全的絕望，難道我們不該從中推出如下的結論：在某個根本點上，可能連那些鬥士也沒有成功地深入到希臘本質的核心所在，在德國文化與希臘文化之間，建立一種持久的親密聯盟。

　　如此一來，也許嚴肅的人物無意間看到這個缺失，也會形成一種令人沮喪的懷疑：在這些先驅者之後，他們是否能在這條教化道路上比前者更進一步，臻至目標。因此我們看到，自那個時代以來，有關希臘人對於教化價值的評價，以極其

令人憂慮的方式蛻化了；在極為不同的思想文化和意識形態陣營裡，我們都可以聽到那種悲天憫人的優越感的表述；而在別處，人們則賣弄一些毫無用處的漂亮辭彙，諸如用「希臘的和諧」、「希臘的美」、「希臘的明朗」之類的說辭。

而有些團體，本來是要孜孜不倦地從希臘的河床裡，汲取營養，從而救助德國的教化——然則恰恰在這些團體當中，在高等教育機構的教師團體當中，人們已經極其出色地學會了及時以合適的方式敷衍希臘人，甚至經常以懷疑的態度放棄了希臘的理想，甚至經常完全顛倒了古代研究的真正意圖。假如這些團體裡有誰沒有完全致力於做一個忠實可靠的古籍校勘者，或者做一個用自然史家的顯微鏡鑽研語言的學究，那麼，他也許除了其他古代文化，也會力求掌握古希臘文化，不過總是會動用我們現在有教養的歷史寫作方法，並且帶著這種歷史寫作的優越神情。

因此，如果當代高等教育機構的真正教化力量，可能已經是前所未有地低落和薄弱了，假如「新聞記者」這些乏味的奴隸在任何教化方面全都戰勝了高級教師們，而留給高級教師們的只是那種已經屢屢經歷過的轉變，他們現在也用新聞記者的

腔調說話，以這個領域的「輕鬆優美」，作為快樂而有教養的蝴蝶而翩翩起舞，那麼，當下這個時代的這些有教養的人士，不得不目睹那個現象，目睹那個或許從迄今為止未被理解的希臘精神的至深根基，才能得到類比理解的現象，目睹戴歐尼修斯精神的覺醒和悲劇的再生，他們會處於何種痛苦的混亂當中呢？除了我們親眼目睹的這個時代，從來沒有過這樣一個藝術時代，其中所謂的教化與真正的藝術是如此地格格不入和相互對立。我們自然能理解，為什麼一種十分屠弱的教化會憎恨真正的藝術，那是因為，它害怕真正的藝術會導致自己的沒落。

然而，整個文化種類，即蘇格拉底到亞歷山大的文化種類，既然可能已進入一個如此纖細脆弱的末端，那它豈不是已經活到了盡頭？倘若像席勒和歌德這樣的英雄好漢都不能成功地打開通向希臘魔山的關隘，如果他們憑著最勇猛的奮鬥也無計可施，只能流露出那種渴望的眼神，就像歌德的伊菲格涅亞 [1] 從荒涼的陶里斯隔海遙望故鄉，那麼，這些英雄好漢的後代們還有什麼希望呢？除非是在甦醒過來的悲劇音樂的神秘音響中，在一個完全不同的、迄今為止所有的文化努力都未觸及過的層面，這個魔關突然間自動向他們打開來。

1. 伊 菲 格 涅 亞
（Ephigenie）：希臘神話中
阿伽門農之女。歌德有劇本
《伊菲格涅亞在陶里斯》描
寫伊菲格涅亞的故事。

　　但願不會有人企圖磨滅我們關於希臘古代文化即將再生的信念；因為唯有在其中，我們才能找到那種希望，即德意志精神通過音樂的聖火獲得更新和提煉的希望。除此之外，我們還能指出什麼東西，是能夠在今日文化的荒蕪和疲弱之中，喚起某種對於未來的慰藉和期望呢？我們徒然地守望著一棵茁壯的幼苗，窺探著一塊豐沃的土地，所到之處，我們只看到塵埃和沙石、僵化和折磨。

　　在這裡，一個絕望的孤獨者能夠為自己選擇的最好象徵，莫過於杜勒[2]為我們描繪的與死神和魔鬼結伴的騎士——這個身披愷甲的騎士有著青銅般的冷峻目光，絲毫不受他那兩個可怕同伴的影響，但卻無望而孤獨，騎著駿馬、帶著愛犬，踏上了恐怖之路。我們的叔本華就是杜勒畫筆下的這個騎士：他沒有了任何希望，卻依然想要真理。現在已經沒有這種人了。

　　然而，上面描寫得如此陰暗的我們的那個疲乏無力的文化，當它碰到戴歐尼修斯的魔力時，將會發生怎樣突兀的變化啊！一股狂飆將攫住一切衰亡、腐朽、破殘、凋零的東西，把它們捲入紅色塵霧之中，像一隻蒼鷹把它們帶入雲霄。我們茫然四顧，追尋那已消失的東西：因為我們看到的東西，有如

2. 杜勒（Albrecht Dürer，1471－1528年）：德國畫家、版畫家。《騎士、死神、魔鬼》（1513年）是他的代表作之一。

從一種沒落中升向金色光輝，是那麼豐沛翠綠、生機盎然，那麼充滿無限渴望。悲劇就端坐在這種洋溢著生機、苦難和快樂的氛圍當中，以一種高貴的喜悅，傾聽著一支遙遠而憂傷的歌——這首歌敘述著存在之母（Mütter des Seins），她們的名字叫：幻覺、意志和痛苦。

是的，我的朋友們啊，請跟我一起相信戴歐尼修斯的生命，相信悲劇的再生吧。蘇格拉底式人物的時代已經過去了，請你們戴上常春藤花冠、拿起酒神杖，若有虎豹躺在你們腳下奉承你們，你們也用不著驚奇！現在，只要放膽去做一個悲劇人物：因為您當獲得拯救。你們當伴隨酒神節日遊行隊伍，從印度走到希臘！準備去迎接艱苦的戰鬥吧，但要堅信你們的神的奇蹟！

21
音樂與戲劇的對白

　　讓我們從上面這種規勸的口氣轉回到沉思者應有的情緒上來。我要重複一遍：只有從希臘人那裡，我們才能瞭解到，悲劇這種近乎奇蹟般、突然的甦醒，對於一個民族最內在的生活根基來說，到底意味著什麼。這個具有悲劇秘儀的民族進行了與波斯人的戰役[1]：反過來說，這個民族投入了這些戰爭之後，就需要悲劇作為必要的康復劑。誰會想到，正是在這個民族身上，歷經幾代受戴歐尼修斯魔力最強烈痙攣的深度刺激後，究竟還能同樣有力地發出最樸素的政治感情、最自然的家鄉情懷和原始的男子氣概嗎？

　　不過，每當戴歐尼修斯的熱情明顯地向四周蔓延時，我們總是能夠覺察到，受桎梏之個體的戴歐尼修斯式的擺脫，最先表現為一種政治本能的減退，減退到了冷漠、甚至敵視政治本能的地步，而另一方面，建國之神阿波羅無疑也是「個體化原理」（principium individuationis）的守護神，若沒有對個體人格的肯定，也就不可能有國家和故鄉的意識。

1. 指西元前492－479年和西元前478－449年波斯人與希臘人之間的戰爭，以希臘獲勝而告終。

對於一個民族來說，只有一條道路能讓它擺脫縱欲主義，那就是通向印度佛教的道路；為了忍受自己對於虛無的渴望，印度佛教需要那種超越空間、時間和肉體的神奇出竅狀態；而這種狀態又要求一種哲學，教導人通過觀念[2]去克服那種中間狀態下難以描繪的不快和反感。一個民族若以政治衝動的絕對有效性為出發點，則必然陷於極端世俗化的軌道裡——其最卓越的、但也最可怕的表現，就是羅馬帝國了。

希臘人處於印度與羅馬之間，並且被迫做出誘人的選擇。他們成功地以古典的純粹性另外發明了第三種形式，但誠然沒有長久地為自己所用，但卻因此而獲致不朽。因為，諸神的寵兒往往早死，萬物當中莫不如此，但同樣確鑿無疑的是，他們此後卻與諸神分享永生。人們不可要求最高貴者具有皮革的持久韌性；那種粗壯結實的持久性，諸如羅馬的民族本能所特有的持久性，很可能不是圓滿的必要屬性。

然而，如果我們問，是何種靈藥使希臘人在他們的鼎盛時期，在他們的戴歐尼修斯衝動和政治衝動異常強烈之時，竟有可能既沒有因為苦思冥想的出竅而耗盡自身，又沒有因為對世界霸權和世界榮譽的強烈追逐，而弄得精疲力竭，相反地，他

2. 此處「觀念」原文為 Vorstellung，在哲學上通常譯作「表象」。

們倒是達到了一種美妙的混合，有如釀成一種既讓人興奮又令人深思的高貴美酒。那麼，我們必定會想到悲劇的巨大力量，那種能夠對整個民族生活產生激發、淨化和釋放作用的悲劇的偉力；只有當悲劇作為一切預防療效的典範、作為在民族最強大的特性與本身最危險的特性之間，發揮支配作用的調解者出現在我們面前，就像當時出現在希臘面前那樣，這時，我們才能揣度悲劇的最高價值。

悲劇汲取了音樂最高的縱情狂放的力量，從而把音樂直接帶到完善之境，在希臘人那裡是這樣，在我們這裡亦然；然而悲劇卻又把悲劇神話和悲劇英雄與音樂並列起來，悲劇英雄就像一個強大的泰坦神，擔當起整個戴歐尼修斯世界，卸掉了我們的負擔。而另一方面，悲劇又懂得透過同一種悲劇神話，以悲劇英雄為化身，把我們從追求這種此在生活的貪婪欲望中解救出來，並且以告誡之手提醒我們還有另一種存在，還有一種更高的快樂——對於後者，奮鬥的英雄通過自己的沒落、而不是通過自己的勝利，充滿預感地作了準備。悲劇在其音樂的普遍效力，與容易接受戴歐尼修斯的觀眾之間，設立了一個崇高的比喻，即神話，並且在觀眾那裡喚起一種假象，彷彿音樂只不過是使形象的神話世界復活的最高表現手段而已。

　　信賴於這樣一種高貴的幻覺，悲劇就可以手舞足蹈地跳起酒神頌歌的舞蹈了，並且毫無顧忌地熱衷於一種縱情的自由感覺；如果沒有這種幻覺，作為音樂本身的悲劇是不敢沉迷於這種自由感覺的。神話保護我們，讓我們免受音樂的損害，而另一方面又賦予音樂最高的自由。作為回贈，音樂也賦予悲劇神話一種十分強烈的和令人信服的形而上學意涵；若沒有音樂獨一無二的說明，話語和形象是決不能達到這種意涵的。特別是通過音樂，悲劇觀眾產生了一種最高快樂的可靠預感，那是通向沒落和否定道路所導致的最高快樂，結果便是，悲劇觀眾自以為彷彿聽到了萬物最內在的深淵在對他大聲訴說。

　　如果上面的說法成立，也許我只能為這個艱難的觀念給出一種暫時、只有少數人能立即理解的表達，那麼在這個地方，我不能不繼續激勵我的朋友們再作一次嘗試，請求根據我們共同經驗的個別例子，為普遍定律的認識做好準備。在這個例子當中，我不能涉及那些人，他們利用劇情畫面、演員臺詞和情緒，藉此 明來接近音樂感受；因為這些人都不是把音樂當成母語來講，縱然有了上述的說明，也只能達到音樂感受的前沿，而不可能觸及音樂那最深邃的聖地；這些人當中的某些人，比如格維努斯（Gervinus，1805—1871，德國文學史家），在這條

道路上甚至連門廳都不得進入。相反地，我要求助的只能是那些人，他們與音樂有著直接的親緣關係，彷彿音樂就是他們母親的懷抱，他們幾乎僅只通過無意識的音樂關係，就能與事物產生聯繫。

對於這些真正的音樂家，我要提出如下的問題：他們是否能夠設想這樣一個人，他無需任何臺詞和畫面的說明，就能夠純粹地把《崔斯坦與伊索德》[3]第三幕感受為一個偉大的交響樂章，而又不至於在全部心靈之翼的一種痙攣撲擊中窒息而死？一個人就像在這裡一樣，彷彿是把耳朵貼在世界意志的心房上，感覺到猛烈的此在欲望作為奔騰大河或者作為潺潺小溪，從這裡注入到所有的世界血管裡，難道他不會突然崩潰嗎？

在人類可憐而脆弱的軀殼裡，他怎能忍受那來自「世界黑夜的廣袤空間」[4]的無數歡呼和哀叫的迴響，而沒有在這種形而上學的牧人圓舞曲中無可阻擋地逃到自己的原始故鄉？但如果可以把這樣一部作品感受為一個整體，而又沒有否定個體的實際存在，如果這樣一種創造是可能的，而又不需打垮創造者，那麼，我們從何處獲得這種矛盾的答案呢？

3. 《崔斯坦與伊索德》（Tristan und Isolde）為華格納歌劇，首演於1865年。

4. 華格納：《崔斯坦與伊索德》，第三幕第一景。

在這裡，悲劇神話和悲劇英雄介入到我們最高的音樂衝動與那種音樂之間，基本上它們只不過是那些唯有音樂才能直接言說的最普遍事實的比喻。然而，倘若我們作為純粹戴歐尼修斯的生靈來感受，那麼，神話作為比喻就會完全不起作用和不受注意地留在我們身旁，一刻都不會使我們疏忽掉對於「先於事物的普遍性」（universalia ante rem）之迴響的傾聽。

但在這裡突然爆發出那種阿波羅力量，帶著一種充滿喜悅的幻覺的救治香藥，旨在恢復幾乎被擊潰了的個體。突然間我們以為看到了崔斯坦，他一動不動，木訥地問自己：「多老套，它為何要喚醒我啊？」之前讓我們感覺到像從存在中心傳來的一陣低沉的唱歎，現在卻只想跟我們說，「大海多麼荒涼空寂」。而當我們自以為氣息漸無，全部感覺都處於痙攣般的掙扎中，只有一點點東西把我們與這種實存聯繫在一起。

這時候，我們耳聞目睹的只是那個英雄，那個受了致命之傷但尚未死去的英雄，帶著他那絕望的呼聲：「渴望啊！渴望！我在死亡中渴望，因渴望而不死！」如果說之前在飽受這種無數過度的痛苦折磨之後，號角的歡呼聲幾乎像至高的痛苦般破碎了我們的心，那麼，在我們與這種「歡呼聲本

身」之間，則站著那個朝著伊索德所乘的船隻歡呼的庫佛那爾（Kurwenal，崔斯坦的侍從）。

不論同情多麼強烈地抓住我們的心，但在一定意義上，這種同情卻使我們免受世界之原始痛苦，猶如神話的比喻使我們免於直接直觀最高的世界理念，而思想和話語使我們免於無意識意志的奔騰流洩。那壯麗的阿波羅幻覺讓我們覺得，彷彿聲音本身就像一個形象世界出現在我們面前，彷彿即便在這個形象世界裡，也只是塑造了崔斯坦和伊索德的命運，有如使用了一種最柔軟和最有表現力的材料。

於是，阿波羅因素從我們身上奪走了戴歐尼修斯的普遍性，並使我們為了個體而心醉神迷；它把我們的同情心捆綁在這個個體身上，它通過這些個體來滿足我們那種渴望偉人而崇高的形式美感；它把生命形象展示給我們，激勵我們去深思和把握其所蘊含的生命內核和真諦。阿波羅因素以形象、概念、倫理學說、同情心的驚人力量，使人從其縱情的自我毀滅中超拔出來；隱瞞戴歐尼修斯過程的普遍性，使人走向那種妄想，以為自己看到的就是一個個別的世界圖景，例如崔斯坦和伊索德，而且通過音樂只能更好、更深地看到這個世界的圖景。

如果說阿波羅本身能夠在我們心中激起幻覺，彷彿戴歐尼修斯因素真的是為阿波羅因素效力的，能夠增強阿波羅的作用，彷彿音樂甚至本質上就是一種表現阿波羅內容的藝術，那麼，阿波羅的救治魔力還有什麼做不到的呢？

有了那種在完美的戲劇與它的音樂之間存在的先定和諧，戲劇便達到了通常話劇達不到的最佳可觀性。正如所有生動的舞臺形象以獨立運動的旋律線條，在我們面前簡化為清晰的弧線般，我們在那種以極其細膩的方式與劇情過程相配合的和聲變化中，聽到了這些線條的並存：通過這種和聲變化，我們便能直接獲悉事物的關係——以感性感知的方式，而絕不是以抽象的方式；通過這種和聲變化，我們同樣也能認識到，唯有在這些關係中，一種性格和一個旋律線條的本質才能純粹地開顯出來。

當音樂迫使我們比通常情形下看得更多更深，使劇情過程像一幅精妙的織錦在我們眼前展開時，對我們那雙超凡的、觀人內心的眼睛來說，舞臺世界便無限地擴張，同樣地也由內而外地被照亮了。一個從事文字寫作的詩人，動用相當不完備的手段，通過間接的途徑從話語和概念出發，費盡心力地力求達

到那種可觀看的舞臺世界的內在擴大以及其內在照亮，但他能
夠提供類似的東西嗎？雖然音樂悲劇也要使用詞語，但它卻能
同時端出話語的根基和根源，由內而外地向我們闡明了話語的
生成。

然而，對於上面描寫的過程，我們或許可以同樣明確地
說，它只不過是一個壯麗的假象罷了，即前面提到過的阿波羅
幻覺，藉著這種幻覺的作用，我們得以免除了戴歐尼修斯的過
度衝擊。基本上，音樂與戲劇的關係其實恰恰相反：**音樂是世**
界的真正理念，而戲劇則只是這種理念的反射與餘暉，是這種
理念的個別影像。旋律線條與生動的人物形象之間的那種一致
性，和聲與人物形象的性格關係之間的一致性，在一種相反的
意義上是真實的，與我們在觀看音樂悲劇時的看法剛好相反。
我們可以啟動人物形象，使其變得非常鮮明，由內而外地將它
照亮，但它始終只是現象而已，沒有一座橋樑從這種現象通向
真實的實在性，通向世界的心臟。

而音樂卻從世界的心臟而來，向人們訴說；無數的這類
現象或許會伴隨相同的音樂，但它們決不會窮盡音樂的本質，
而始終只是音樂的表面映象。誠然，用通俗而完全錯誤的靈魂

與肉體的對立觀，是不可能解釋音樂與戲劇的複雜關係的，而
只會把一切弄得混亂不堪；不過，這樣一種非哲學的粗糙對立
觀，恰是在我們的美學家那裡——天知道是出於何種原因——
似乎已經成了眾所周知又喜聞樂見的信條；而關於現象與自在
之物的對立，他們卻一無所知，或者基於同樣未知的原因，是
他們根本不想去瞭解。

　　倘若從我們的分析中已可看出，悲劇中的阿波羅因素通
過它的幻覺完全戰勝了音樂的戴歐尼修斯的原始元素，並且為
了自己的意圖來利用音樂，也就是為了一種對戲劇的最高澄清
和解釋來利用音樂，那麼，我們無疑就要做一種十分重要的限
制：在最根本的關鍵點上，這種阿波羅幻覺被突破和毀滅。借
助於音樂，戲劇，所有動作和形象都獲得了內在通透的清晰性
的戲劇，便在我們面前展開，我們彷彿看到了織布機上的布匹
在經緯線上交織而成——戲劇便作為整體達到了一種效果，一
種完全超越了全部阿波羅藝術效果的效果。

　　在悲劇的總體效果上，戴歐尼修斯因素又重新占了優勢；
悲劇就以一種在阿波羅藝術領域裡從來聽不到的音調收場了。
由此，阿波羅幻覺便表明了它的本色，表明它在悲劇持續過程

中一直在掩蓋真正的戴歐尼修斯效果。然而這種戴歐尼修斯效
果是如此強大，以至於最後把阿波羅戲劇本身逼入某個領域，
使後者開始用戴歐尼修斯的智慧說話，否定自身及其阿波羅式
的可見性。

　　所以，悲劇中阿波羅因素與戴歐尼修斯因素的複雜關係，
確實可以通過兩位神祇的兄弟聯盟來加以象徵：戴歐尼修斯講
的是阿波羅的語言，而阿波羅終於也講起了戴歐尼修斯的語
言。於是終就達到了悲劇和一般藝術的最高目標。

22
審美遊戲

　　我的朋友啊，願您根據自己的經驗，以純粹而毫無混雜的方式，來想像一下一部真正的音樂悲劇的效果。我想，我已經從兩方面描寫了這種效果的現象，從而您現在就會懂得如何來解釋自己的經驗了。因為您會記得，鑒於在您面前搬演的神話，您覺得自己已經被提升到一種無所不知的境界上了，彷彿您現在眼睛的視力不僅能看到事物的表面，而且能深度透入事物的內部，彷彿您現在借助於音樂，能夠親眼目睹意志的沸騰、動機的衝突、激情的澎湃，猶如看見大量豐富且生動活潑的線條和形象，從而能夠潛入無意識情緒最細微的奧秘之中。

　　而當您意識到自己追求可見性和美化的衝動達到了這種至高的提升時，您卻又同樣確定地覺得，這一長串阿波羅藝術效果，其實並沒有讓您產生那種堅持無意志直觀的幸福感，也就是雕塑家和史詩詩人（即真正的阿波羅藝術家）通過他們的藝術作品在您身上產生的感覺——這也就是在那種直觀中達到的對個體化世界的辯護，這種辯護是阿波羅藝術的巔峰和典範。

您觀看美化了的舞臺世界，但又否定了它。您看到眼前的悲劇
主角具有史詩般的清晰和美，但又因他的滅亡而開心。您深入
骨髓地把握了劇情，卻又樂於遁入不可把握的概念之中。您覺
得主角的行動是合理的，但當這些行動毀掉了主角時，您卻更
加振奮。您對主角將要受到的苦難感到不寒而慄，卻又在其中
預感到一種更高的、強大得多的快感。

　　您比從前看得更多、更深了，卻又希望自己變成瞎子。若
不是根據戴歐尼修斯的魔力，我們將根據什麼來理解這樣一種
奇妙的自我分裂，這種阿波羅尖頂的斷裂呢？戴歐尼修斯的魔
力表面上激發了阿波羅情緒，使之臻於最高昂的境界，卻又能
夠強制這種豐沛的阿波羅力量為自己效力。我們只能把悲劇神
話理解為戴歐尼修斯智慧，通過阿波羅藝術手段而達到的形象
化；悲劇神話把現象世界帶到極限，而在這個極限處，現象世
界否定自己，又力求逃回到真實和唯一的母腹中去。於是，現
象世界似乎就要與伊索德一起，開始唱它的形而上學絕唱了：

　　在歡樂之海的

　　澎湃波濤中，

　　在大氣之流的

洪亮回聲中，

在宇宙之氣

拂動的萬物中——

淹沒——

沉溺——

無意識的——最高的快樂！[1]

　　所以，根據真正的審美聽眾的經驗，我們可以來想像一下悲劇藝術家本身，看看他如何像一個張狂的個體化神祇，把自己的人物形象創造出來，在此意義上，我們就難以將他的作品當作「對自然的模仿」了。而另一方面，他那驚人的戴歐尼修斯衝動又如何吞噬了這整個現象世界，為的是讓人們在現象世界的背後，並且通過現象世界的毀滅，預感到太乙懷抱中一種最高的、藝術的原始快樂。誠然，關於這種向原始故鄉的回歸，關於悲劇中兩個藝術神祇的兄弟聯盟，關於聽眾的阿波羅式激動和戴歐尼修斯式激動，我們的美學家是不知道該說些什麼的，然則他們卻不厭其煩地大談主角與命運的爭鬥、道德的世界秩序的勝利，或者由悲劇引起的情緒宣洩，把這類東西刻劃為真正的悲劇因素。這種努力不懈的幹勁讓我想到，他們根

本就不會成為能夠激發美感的人,在聽悲劇時也許只能被視為
道德動物。自亞里斯多德以降,還從來沒有人把關於悲劇的效
果提出過解釋,那是可以讓人理解藝術狀態、聽眾的審美活動
的。

有人認為,由嚴肅的劇情所引起的憐憫和恐懼,催生出一
種具有緩解作用的宣洩,也有人認為,當我們看到善良和高貴
的原則獲勝,看到英雄人物為了道德世界觀而犧牲時,我們便
會感到振奮和激動。無疑地,我相信對大多數人來說這就是悲
劇的效果,而且只有這個才是悲劇的效果;但這一點同樣清楚
地表明,所有這些人連同他們那些做闡釋工作的美學家,對於
作為最高藝術的悲劇卻是一無所知的。

那種病態的宣洩:亞里斯多德的「宣洩、淨化、陶冶」
(Katharsis)[2]——語文學家們不知道是把它歸為醫學現象呢,
還是把它當作道德現象——讓人想起歌德的一個奇怪猜想。
「沒有強烈的病理興趣」,歌德說:「我也從來沒有成功地處
理過任何一個悲劇性情景,所以我寧願避免,而不是尋找悲劇
性情景。難道這也是古人的優點之一嗎?在古人那裡,最高的
激情或許也只不過是審美遊戲,而在我們這裡要產生出這樣一

2. 此處Katharsis〔宣洩、淨
化、陶冶〕是亞里斯多德在
《詩學》中提出的一個基本
概念,用來界定藝術作品的
作用和效果。後成為歐洲詩
學(美學)的基本範疇和基
本原則之一。但中文世界對
此概念的理解和翻譯一直
無法統一,有人甚至主張
乾脆取音譯法,作「卡塔西
斯」。

件作品，就必須有自然真理的參與。」（1797年12月9日歌德致席勒的信）

　　恰巧在音樂悲劇中，我們驚奇地體驗到，最高的激情何以真的只可能是一種審美遊戲。有了這一番體驗之後，我們就可以根據自己的美妙經驗，來對歌德這個十分深刻的問題作肯定的回答了。所以我們可以相信，只有到現在，悲劇性這個原始現象才能得到幾分成功的描述。若有誰到現在還只能從非審美領域來敘述那些代表性的效果，並且覺得自己沒有超越病理和道德的過程，那他就只能懷疑自己的審美天性了。相反地，我們則要建議他按照格維努斯的方式去解釋莎士比亞，努力去探索作為無辜的替代品的「詩歌正義」。

　　於是，隨著悲劇的再生，審美的聽眾也再生了，而一直以來，坐在劇場聽眾席上的往往是一種古怪的「代理人」（Quidproquo），既帶著道德的要求又有博學的要求，也就是所謂的「批評家」。迄今為止，在他的領域裡，一切都是人為做作的，只是被粉飾的一種生活假象。表演藝術家實際上再也不知道該拿這種吹毛求疵的聽眾該怎麼辦了，所以連同劇作家或歌劇作曲家，也只好不安地在這種苛刻空虛、無能於鑒賞的

人物身上，探查最後一點生命殘餘。但一直以來，就是這種
「批評家」構成了觀眾——大學生們、中小學生們，乃至於最
善良的女人們——不知不覺地已經通過教育和報刊的塑造，形
成了一種相同的藝術作品感受方式。

　　藝術家當中的高貴人物面對這樣的觀眾時，便指望激發
出他們的道德和宗教力量，在本該有一種強大的藝術魔力真正
讓聽眾心醉神迷的地方，卻出現了替代性的對「道德的世界秩
序」的呼喚。抑或者，劇作家把當代政治社會中重大的、至少
是激動人心的傾向十分清晰地端了出來，以至於聽眾忘記了自
己批評力的衰竭，委身於那種類似於在愛國運動或戰爭時期、
抑或在議會辯論或罪行和惡行審判時所產生的情緒——這種對
真正的藝術傾向的疏離，在有些地方必定會直接導致一種傾向
崇拜（Cultus der Tendenz）。不過，這裡也出現了在一切作假的
藝術中一直發生的事，就是那些傾向的急速變質，以至於舉例
來說，把戲劇當作民眾道德教育的活動來利用的傾向，在席勒
時代還是被嚴肅對待的，現在則已經被歸於一種失敗教育的古
老教條了。

　　當批評家在劇院和音樂廳裡、新聞記者在學校裡、報刊在

社會上獲得了統治權，藝術便蛻化為一種最低級的娛樂了，而美學批評便被利用為一種虛榮、渙散、自私、貧乏而無創見的交際活動的聯繫手段——叔本華那個有關豪豬的寓言 [3]，可以讓我們理解這種交際活動的意義。結果是，沒有一個時代有今天這麼多關於藝術的空談，也沒有一個時代像今天這樣低估藝術。但問題在於，一個能夠談論貝多芬和莎士比亞的人，我們還能與之打交道嗎？且讓每個人都按照自己的感覺來回答這個問題吧。無論如何，他都將用自己的答案來證明，他所設想的「教化」是什麼，前提是，他畢竟要求解答問題，而不是已經因吃驚而說不出話來了。

另一方面，一些天性高貴而細膩的能人高手，不論他們是否以上面描述的方式漸漸地變成了好批評的野蠻人，或許都能告訴我們一種十分出乎意料又完全不可理解的效果，比如一場成功的《羅恩格林》[4] 演出對他們產生的效果。只不過，也許他們缺乏的是任何提醒和指點他們的手，以至於那種當時讓他們大感震撼、完全令人費解和無與倫比的感覺，依然是零星個別的，猶如一顆神秘的星辰，閃爍了一下就熄滅了。但就在那一刻，他們揣度到了什麼是審美的聽眾。

3. 叔本華：《遺著》第二卷。

4.《羅恩格林》（Lohengrin）為華格納的一部歌劇，首演於1850年。

23
悲 劇 的 再 生

　　誰若想嚴格地檢驗一下自己，看看自己與真正的審美觀眾
有多親密，抑或自己在何種程度上屬於蘇格拉底式的具有批評
傾向的人群，那麼，他能夠做的只是真誠地追問那種感覺，就
是他在看到舞臺上表現出來的奇蹟時的感覺：他是否覺得在這
裡，他那以嚴格的心理因果性為標準的歷史感受到了傷害？他
是否以一種善意的妥協態度，承認這種奇蹟彷彿是一種兒童能
弄懂、卻與他格格不入的現象？抑或是他在這裡遭受到某種別
的東西呢？因為他藉此即可衡量，他在多大程度上究竟有沒有
能力來理解神話，理解這種濃縮的世界圖景。

　　而作為現象的縮影，神話是不能沒有奇蹟的。不過，很有
可能的是，在嚴格的檢驗下，幾乎每個人都會覺得自己被我們
教化中那種批判的歷史精神給深深地敗壞了，以至於只有通過
學術的途徑，通過介入性的抽象，我們才能相信昔日的神話實
際存在。要是沒有神話，任何一種文化都會失去自己那種健康
的、創造性的自然力量。唯有一種由神話限定的視野，才能把

整個文化運動結合為一個統一體。唯有神話才能解救一切想像和阿波羅夢幻的力量，使之擺脫一種毫無選擇的四處遊蕩。

神話的形象必定是一個無所不在、但未被察覺的魔鬼般的守護人，在他的守護下，年輕的心靈成長起來，靠著它的徵兆，成年人得以解釋自己的生活和爭鬥。甚至國家也不知道有比神話基礎更強大的不成文法了；這個神話基礎保證了國家與宗教的聯繫，以及國家從神話觀念中的成長過程。

現在讓我們來比較一下沒有神話引導的抽象的人、抽象的教育、抽象的道德、抽象的法律、抽象的國家；讓我們來設想一下無規矩的、不受本土神話約束的飄浮不定的藝術想像力；讓我們來設想一種文化，它沒有牢固而神聖的發祥地，而是注定要耗盡它的全部可能性，要勉強靠所有外來文化度日——這就是當代，是那種以消滅神話為目標的蘇格拉底主義的結果。

如今，失卻神話的人們永遠饑腸轆轆，置身於形形色色的過去時代中，翻箱倒櫃地尋找自己的本源，哪怕是最幽遠的古代世界，人們也必得深究方才罷休。不知饜足的現代文化有著巨大的歷史需要，把無數其他文化收集到自身周圍，並且有

一種貪婪的求知欲——這一切如果並不表示神話的喪失，並不表示神話故鄉、神話母腹的喪失，又能表示什麼呢？我們要問問自己，這種文化如此狂熱而又如此可怕的騷動，是不是就無異於餓漢的饑不擇食和貪婪攫取呢？這樣一種文化無論吞食什麼都吃不飽，碰到最滋補、最有益的食物，往往就把它轉變成「歷史和批判」，若是如此，誰還願意多給它點什麼呢？

倘若德國性格已然與德國文化不可分解地糾纏在一起，亦即與之一體化了，其方式就如同我們在文明的法國驚恐地觀察到的那樣，那麼，我們也必定要痛苦地對德國性格感到絕望。長期以來構成法國的偉大優點、構成其巨大優勢的原因，正是那種民族與文化的一體化，看見這一點，我們便不禁為自己感到慶幸，因為直到現在為止，我們這種文化的問題都是與我們民族性格的高貴核心毫無共同點的。相反地，我們的全部希望都渴求著那樣一種感知，即：在這種不安地上下顫動的文化生活和教育痙攣背後，隱藏著一種壯麗的、內在健康的古老力量；誠然，這種力量只有在非同尋常的時刻，才能強有力地發動一回，爾後又重歸於平靜，夢想著下一次的覺醒。從這個深淵裡產生了德國的宗教改革：而在它的讚美詩中，首次響起了德國音樂的未來曲調。路德的這種讚美詩[1]是多麼深刻、勇敢和

1. 路德的讚美詩（Choral）：又稱「眾讚歌」，是在馬丁·路德的宣導下經過改革的新教讚美詩。它改變了只許唱詩班唱歌，不許民眾唱歌的陋習；不再用拉丁文，而改用民族語言；音樂方面則把繁瑣的複調體改為純樸的和聲體。眾讚歌在巴洛克時期的音樂中佔有重要位置。

富於感情，是多麼美好而溫存，有如春天來臨之際，從茂密的叢林裡傳來第一聲戴歐尼修斯的迷人叫喚。爭相回應這一叫喚聲的，是戴歐尼修斯信徒那種莊重而縱情的遊行隊伍，我們要為德國音樂感激他們，我們也將為德國神話的再生感激他們！

我自己知道，現在必須把積極跟隨的朋友帶到一個適合於孤獨探索的高地上，在那裡，他將只有少數伴侶，而且我要激勵他，對他喊道：我們必須緊緊抓住希臘人，那是我們光輝的引路人。為釐清我們的美學認識，我們前面已經從希臘人那裡借用了兩個神祇形象，分別統轄一個獨立的藝術領域，對於兩者的相互接觸和相互提升，我們已經通過希臘悲劇作了揣度。在我們看來，由於這兩種原始的藝術衝動進入了一種令人奇怪的撕裂狀態中，勢必導致希臘悲劇的沒落。而希臘民族性的蛻變和轉化，是與這個沒落過程相呼應的，這就要求我們嚴肅地思索：藝術與民族、神話與習俗、悲劇與國家，是如何在根基上必然地緊密連生在一起的。

悲劇的沒落同時也是神話的沒落。在此之前，希臘人不由自主地、不得不把握他們體驗到的，一切立即與他們的神話聯繫起來，並且實際上只有通過這種聯繫，才能把握他們體驗到

的一切。這樣一來，甚至最切近的當前事物，在他們看來也必定要「從永恆的觀點看」，在某種意義上必定顯現為無時間侷限的。而無論是國家還是藝術，都浸淫於這一無時間的洪流之中，方能在其中擺脫當下的重負和貪欲而獲得安寧。

　　一個民族的價值——個人亦然——只在於它能夠給自己的體驗打上永恆的烙印，因為借此它彷彿就超凡脫俗了，顯示出它那種無意識的內在信念，亦即關於時間之相對性和關於生命之真實意義，即生命的形而上學意義的信念。當一個民族開始從歷史中掌握自己，開始摧毀自己周圍的神話堡壘時，就出現了與此相反的情況：與此相聯繫的通常是一種確定的世俗化，一個與其昔日此在的無意識形而上學的斷裂，且帶有全部的倫理後果。

　　希臘藝術，尤其是希臘悲劇，首先阻止了神話的毀滅：人們必須一併毀掉希臘藝術，方能解脫故土的束縛，無拘無束地在思想、習俗、行為的荒漠裡生活。即便到現在，那種形而上學的衝動也還力圖在生命的科學蘇格拉底主義中，為自己創造一種儘管已經弱化了的美的形式。不過，在較低的階段，這種衝動只是導致了一種發瘋般狂熱的搜尋，它漸漸迷失於從各處

搜集來的神話和迷信的魔窟中——在這個魔窟的中心，卻端坐著那個希臘人，依然懷著一顆不安的心，直到他懂得了，作為「小希臘人」（Graeculus），用希臘的明朗和希臘的輕率來掩飾自己的狂熱，或者用某種東方的陳腐迷信把自己完全麻醉。

在經歷了長期的、難以描寫的中斷之後，亞歷山大－羅馬的古代世界終於在15世紀得到了重新關注。在那以後，我們已經以一種極其引人注目的方式接近上面描述的這種狀況了。同一種過於豐富的求知欲，同一種不知饜足的發現之樂，同一種極度的世俗化，已然登峰造極，加上一種無家可歸的徬徨遊蕩，一種對外來食物的貪婪掠奪，一種對當前事物的輕率寵愛或者麻木背棄，一切都要「從世俗的觀點看」，從「現時」的觀點看。這些相同的徵兆令人揣度這種文化的核心處有一個相同的缺陷，令人揣度神話的毀滅。

看起來幾乎不可能的是，不斷成功地移植一種外來神話，而又因這種移植而極度傷害自家文化之樹——這棵樹也許是十分強壯和健康的，足以通過慘烈的爭鬥重新剔除那種異己元素，不過在通常情況下，它必定病弱而委靡，或者因病態的繁茂而消瘦不堪。我們高度評價德國性格所具有的純粹而強大的

核心,恰是對於這種性格,我們有所期待,期待它能剔除那些強行植入的異己元素,而且我們認為,德國精神是有可能反省自身的。

有人也許會以為,德國精神必須從剔除羅馬因素開始自己的爭鬥:他或許從最近一場戰爭[2]的壯大勝利和浴血光榮當中,看到了一種為這種爭鬥所做的表面準備和激勵,但他必須在競爭中尋找一種內在的必要性,即必須始終無愧於這條道路上的崇高的開路先驅,無論是路德還是我們的偉大藝術家和詩人們。不過,但願他絕不會以為,沒有自己的家神,沒有自己的神話故鄉,沒有一種對所有德國事物的「恢復」,他就能進行類似的爭鬥!而如果德國人戰戰兢兢地四處尋找一位嚮導[3],由後者來把他帶回到早就失落了的故鄉(因為他幾乎再也不認識回歸故鄉的路徑了),那麼,他能做的只是傾聽戴歐尼修斯之鳥那充滿喜悅地迷人叫聲,這鳥正在他頭上飄蕩,願為他指點返回故鄉的道路。

2. 指1870－1871年的普法戰爭。

3. 此處「嚮導」(Führer)或可譯「領袖」。尼采在此雖未明言,但顯然在暗示理查‧華格納已可充當這個角色了。

<h1 style="text-align:center">24</h1>
<h2 style="text-align:center">悲劇與神話共舞</h2>

　　在音樂悲劇的特有藝術效果中，我們不得不強調一種阿波羅式的幻覺，通過這個幻覺，得以免於與戴歐尼修斯音樂融為一體，而我們的音樂激情，則可以在一個阿波羅領域和一個可見的緩衝地帶裡得到宣洩。我們自認為正是通過這種宣洩，劇情過程中的那個中間世界（說到底就是戲劇本身），才能從裡到外，變得顯而易見、明白清晰，那是其他的阿波羅藝術所不能企及的。

　　於是，在阿波羅藝術彷彿受到了音樂精神的激勵和提升時，我們就必須承認它的力量獲得了極大的昇華，因而在阿波羅與戴歐尼修斯的結盟中，無論是阿波羅的藝術意圖還是戴歐尼修斯的藝術意圖，都發揮到極致的狀態。

　　正當音樂從內部予以闡明之際，阿波羅的光輝形象恰巧沒有達到低層次的阿波羅藝術所特有的作用和效果；史詩或者栩栩如生的石頭（意指雕塑）能夠做到的事情，乃是迫使觀看的

眼睛感受那種對於個體化世界的寧靜的欣喜，這一點在這裡是
不可能達到的，儘管這裡有著某種更加栩栩如生、清晰明白的
性質。

　　我們觀看戲劇，用逼視的目光深入到它內在的動機世界
——但是在我們看來，似乎只有一個比喻形象從我們身旁掠
過。我們自以為已經差不多揣摩到那至深的意義，希望能像拉
開一幅帷幕那樣，看見它背後的原形，然而最清晰明亮的形象
也滿足不了我們，因為它既揭示了某個東西，又掩蓋了某個東
西；當它似乎以其比喻性的啟示要求我們去撕碎面紗，去揭示
那神秘的背景時，正是那種透亮的整體可見性又返過來迷惑了
雙眼，阻止我們進一步深入其中。

　　我們經常碰到這種情況：既不得不觀看，又嚮往能跳出視
野的框架。若沒有體驗過這種兩難，他就難以想像，在欣賞悲
劇神話時，這兩個過程是如何明確而清晰的並存著，也同時被
感受著。而真正會審美的觀眾則會證實我的看法：在悲劇的特
殊效果中，這兩個過程能並存乃是最值得注意的奇怪之事。如
果我們現在把這個審美觀眾會產生的現象，轉移到悲劇藝術家
的過程上，我們就能理解悲劇神話的起源。

　　悲劇神話既與阿波羅藝術一起分享那種對於假象和觀看的快感，同時也否定了這種快感，具有一種更高的滿足，滿足於可見的假象世界之毀滅。悲劇神話的內容首先是讚美爭鬥英雄的史詩事件：英雄命中注定的苦難、最慘痛的征服、最痛苦的動機衝突。簡而言之，表明那種西勒尼智慧的例證或用美學方式來講，就是醜陋與不和諧，本著這樣一種偏愛，以繁多的形式一而再、再而三的重新描繪，而且恰好是在一個民族最豐盛、最青春年幼的時代──然而，若不是正好對這一切感到極高的快樂，那麼，上述這種謎一般的特徵，究竟從何而來呢？

　　因為生活中確有如此悲慘的事情發生，這一點難以用來解釋一種藝術形式的形成。如果藝術不光是模仿自然現實，而是自然現實的一種形而上學的增補，是為征服它而被置於一旁的。只要悲劇神話屬於藝術，那它也完全具有一般藝術的這樣一種形而上學的美化意圖。但如果悲劇神話是以受苦受難的英雄形象來展示現象世界的話，那麼它到底美化了什麼呢？絕不是這個現象世界的「實在性」，因為它直接對我們說：「看哪！好好看看！這就是你們的生活！這就是你們『此在之鐘』上的指針！」

　而神話在我們面前展示這種生活，是為了借此美化它嗎？如果不是，當那些形象在我們面前掠過時，我們為何也能享有審美的快感呢？我追問的是審美快感，我也完全明白，許多此類形象，除了審美快感之外，間或還能產生一種道德愉悅，諸如同情或者德性勝利等形式。但是，如果你只想根據這個道德泉源來推演悲劇效果（這種行為在美學中已經流行太久了），那也就罷了，只是你不要自以為這樣就能為藝術做些什麼——因為藝術首先就必須要求在其領域的純粹性。對於悲劇神話的解釋而言，首要任務恰好是在純粹審美的領域中尋找它特有的快感，而不能蔓延到同情、恐懼、道德崇高的區塊裡。醜陋與不和諧即悲劇神話的內容，如何能激發一種審美快感呢？

　至此，我們有必要勇敢的躍入一種藝術的形而上學中。為此我要來重述前面提過的一個命題：唯有作為審美現象，此在與世界才顯得是合理的。在這種意義上，悲劇神話要我們相信，即便是醜陋與不和諧也是一種藝術遊戲，是意志在其永遠豐富的快感中與自己玩的遊戲。然而，這種難以把握的戴歐尼修斯藝術的原始現象，唯有在音樂的不諧和音的奇特意義上，才能明白而直接地得到體會：正如一般而言，唯有與世界並置的音樂才能讓人理解，對作為一個審美現象的世界的辯護，意

味著什麼。悲劇神話所產生的快感，與音樂中不諧和音所喚起的愉快感覺，是有相同根源的。戴歐尼修斯因素，連同它那甚至在痛苦中所感受到的原始快感，就是音樂和悲劇神話的共同母腹。

借助不諧和音的音樂關係，難道我們不是從根本上把悲劇的效果這個難題簡單化了嗎？且讓我們來弄明白，所謂在悲劇中既想要觀看又渴望跳脫視野的這種狀態，到底意味著什麼。

就在藝術中應用的不諧和音而言，我們或許能對上述狀態作以下的刻劃：我們既想傾聽又渴望超越傾聽。隨著對於清晰地被感受的現實的至高快感，那種對無限的追求、渴望振翅高飛，不禁讓我們想到：我們必須把這兩種狀態看作一種戴歐尼修斯現象，它總是一再重新把個體世界的遊戲式建造與毀滅，揭示為一種原始快感的結果，類似於晦澀思想家赫拉克利特[1]把創造世界的力量，比作一個遊戲的孩童——他來來回回地堆疊石頭，把沙堆築起來又將其推倒。

可見，為了正確地評估某個民族的戴歐尼修斯才能，我們不光要想到這個民族的音樂，還必須把該民族的悲劇神話看作

1. 赫拉克利特（Heraclitus，西元前540－西元前480年），古希臘哲學家、愛非斯派的創始人。相傳生性猶豫，被稱為「哭的哲學人」。

此才能的第二證人。現在，既然音樂與神話之間有著這樣一種極為緊密的親緣關係，我們同樣也可以猜測，在兩者之間，一方的蛻化和腐化是與另一方的萎縮和凋敝，這兩者是聯繫在一起的——如果神話的衰弱，根本上就表達了戴歐尼修斯能力的削弱。

對於這兩者的關聯，我們只要從德國性格的發展過程來看，就不會產生懷疑了。無論是在歌劇中，還是在我們失卻了神話的此在的抽象特徵中；無論是在淪為娛樂的藝術中，還是在受概念引導的生活中，都有那種既非藝術又消耗生命的蘇格拉底樂觀主義的本性顯露出來。不過，令人欣慰的是，儘管有上述問題仍有一些跡象顯示德國精神依然在美妙、健康、深邃和戴歐尼修斯力量中未受毀損，就像一個沉睡的騎士，安睡於一個無法通達的深淵。從這個深淵裡升起的戴歐尼修斯歌聲向我們傳來，讓我們明白，到現在這位德國騎士還在福樂而嚴肅的幻覺中，夢想著那古老的戴歐尼修斯神話。

可別以為，德國精神已經永遠丟失了它的神話故鄉，它依然十分清楚地聽到，那講述故鄉美景的婉轉聲音。有朝一日，德國精神會一覺醒來，酣睡之後朝氣勃發，它將斬蛟龍、滅小

人，喚醒布倫希爾德[2]——即便是佛旦[3]的長矛，也阻止不了它的前進之路！

我的朋友們啊，你們相信戴歐尼修斯的音樂，你們也知道悲劇對我們來說到底意味著什麼。在悲劇中，我們擁有從音樂中再生的悲劇神話；在悲劇神話中，你們可以希望忘掉一切最慘痛的事情。而對我們所有的人來說，最慘痛的事情就是那長久以來的屈辱，德國天才受此屈辱，疏離了家園和故鄉，效力於狡猾小人——你們明白我的話，最後也將理解我的期望。

2.　布倫希爾德（Brunhild）：日爾曼神話中的女武神。

3. 佛旦（Wotan）：日爾曼神話中的眾神之長。

25
實存的美好瞬間

　　音樂與悲劇神話同樣是一個民族的戴歐尼修斯能力的表現，而且彼此不可分離。兩者起源於一個位於阿波羅因素之外的藝術領域；兩者都美化了一個區域，在這個區域的快樂和諧中，不諧和音以及恐怖的世界圖景都楚楚動人地漸趨消失；兩者都相信自己有極強大的魔法，都玩弄著反感不快的芒刺；兩者都用這種玩法為「最壞的世界」之實存本身辯護。

　　在這裡，與阿波羅因素相比較，戴歐尼修斯因素顯示為永恆和原始的藝術力量，正是這種藝術力量召喚整個現象世界進入此在之中；而在現象世界的中心，必須有一種全新的美化假象，方能使這個生氣盎然的個體化世界保持活力。倘若我們能設想不諧和音變成了人——否則人會是什麼呢？——那麼，為了能夠生活下去，這種不諧和音就需要一個壯麗的幻象，用一種美的面紗來掩飾它自己的本質。這就是阿波羅的真正藝術意圖：我們把所有那些美的假象的無數幻景，全歸之於阿波羅名下，它們在每個瞬間都使此在變得值得經歷，並且驅使我們去

體驗下一個瞬間。

　　在這個當下，有關一切實存的基礎，有關世界的戴歐尼修斯根基，能夠進入人類個體意識之中的東西不在多數，恰如它能為那種阿波羅式的美化力量所克服，以至於這兩種藝術不得不根據永恆正義的法則，按相互間的嚴格比例展開各自的力量。凡在戴歐尼修斯的強力如此猛烈地高漲之處（正如我們體驗到的那樣），阿波羅也必定已經披上雲彩向我們降落下來了；下一代人可能會看到它那極其豐碩的美的效果。

　　而這種效果是必須的——對於這點，或許每個人都能憑著直覺十分確鑿地感覺到，只要他（哪怕是在夢裡）覺得自己被置放回到了古希臘的實存之中：漫步於高高的伊奧尼亞柱廊下，仰望著一方由純潔而高貴的線條分割出來的蒼穹，身旁閃亮的大理石反映出自己得到的美化形象，周圍有莊嚴地行進或者徐徐而動的人們，唱著和諧的歌聲，展現出節奏分明的姿態語言——面對這種不斷湧現的美的洪流，他怎麼會不向阿波羅振臂高呼：「福樂的希臘民眾啊！如果得洛斯之神[1]認為必須用這種魔力來療癒你們的酒神癲狂，那麼你們當中的戴歐尼修斯是多麼偉大啊！」——而對於一個懷有如此心情的人，年邁的

1. 得洛斯之神（der delische Gott）：指阿波羅。相傳阿波羅出生在南愛琴海的得洛斯島上。

雅典人或許會用埃斯庫羅斯的崇高目光看著他，回答道：

「你這個奇怪的異鄉人啊，你也來說說，這個民族勢必
受過多少苦難，才能變得如此之美！但現在，且跟我去看悲劇
吧，到兩位神祇的神殿裡和我一起獻祭吧！」

CULTUSPEAK PUBLISHING CO., LTD

高談文化 ｜ 華滋出版 ｜ 拾筆客 ｜ 九韵文化 ｜ 信實文化 ｜

追蹤更多書籍分享、活動訊息，請上網搜尋　拾筆客

What's Music

悲劇的誕生
Die Geburt der Tragödie aus dem Geiste der Musik

作　　者：弗里德里希‧尼采 Friedrich Nietzsche
譯　　者：安婕工作室
封面設計：黃聖文
總 編 輯：許汝紘
編　　輯：黃淑芬
美術編輯：陳芷柔
總　　監：黃可家
發　　行：許麗雪
出版單位：華滋出版
發行公司：高談文化出版事業有限公司
地　　址：新北市汐止區新台五路一段99號15樓之5
電　　話：+886-2-2697-1391
官方網站：www.cultuspeak.com.tw
客服信箱：service@cultuspeak.com
投稿信箱：news@cultuspeak.com

印　　刷：上海印刷股份有限公司
總 經 銷：聯合發行股份有限公司
香港經銷商：香港聯合書刊物流有限公司

國家圖書館出版品預行編目資料（CIP）資料

悲劇的誕生 / 弗里德里希‧尼采著；安婕工作室
譯. -- 初版. -- 臺北市：華滋出版；信實文化行銷,
2017.01
　面；　公分. -（What's Music）
ISBN 978-986-93548-4-4（平裝）

1.尼采（Nietzsche, Friedrich Wilhelm, 1844-1900）
2.學術思想 3.哲學

147.66　　　　　　　　　　　105017227

2017 年 1 月 初版
2021 年 1 月 初版 2 刷
定價：新台幣 350 元

會員獨享

最新書籍搶先看 ／ 專屬的預購優惠 ／ 不定期抽獎活動

Search　拾筆客　　www.cultuspeak.com